놀이로 본
조선

규 장 각
교양총서
—— 012

놀이로 본 조선

신명과 애환으로 꿰뚫는
조선 오백년

규장각한국학연구원 엮음 | 박현순 책임기획

글
항
아
리

　규장각은 조선 22대 국왕 정조가 1776년에 창립한 왕실도서관
이자 학술연구기관입니다. 정조는 18세기 조선의 정치·사회 변화
에 능동적으로 대처하기 위해 규장각의 기능을 크게 확대했습니
다. 그런 가운데 옛 자취를 본받으면서도 새롭게 변통할 수 있는
'법고창신法古創新'의 정신을 잘 구현할 기관으로 규장각을 키워냈
습니다. 조선시대 규장각 자료를 이어받아 보존하고 연구하는 서
울대학교 규장각한국학연구원의 역할과 기능도 정조가 규장각을
세운 뜻에서 멀지 않을 것입니다.

　규장각을 품고 있는 서울대의 한국학은 처음에는 미약했으나
이제 세계 한국학의 중심을 표방할 단계에 이르고 있습니다. 이러
한 성과를 이끌어내는 데 중심이 되었던 두 기관이 있었습니다. 하
나는 옛 서울대 문리대로부터 이사해와서 중앙도서관 1층에 자리
잡았던 한국 고문헌의 보고 '규장각'이었고, 다른 하나는 1969년
창립된 '한국문화연구소'였습니다. 한국문화연구소는 규장각 자
료들이 간직한 생명력을 불러내어 꽃피우고 열매 맺는 데 중심 역
할을 해온 한국학 연구기관이었습니다. 규장각이 세워진 뒤 230년

이 된 2006년 2월 초, 이 두 기관을 합친 '규장각한국학연구원'이
관악캠퍼스 앞자락 감나무골에서 새롭게 발을 내딛었습니다. 돌이
켜보면 200여 년 전 정조와 각신閣臣들이 규장각 자료를 구축한 덕
에 오늘의 한국학 연구가 궤도에 오를 수 있었던 것이기에 감회가
남다릅니다. 이를 되새겨 규장각한국학연구원은 앞으로 200년 뒤
의 후손에게 물려줄 새로운 문화유산을 쌓는 데 온 힘을 다하려 합
니다.

규장각한국학연구원은 한국을 넘어 세계 한국학 연구의 중심
기관으로 거듭나겠다는 포부와 기대를 모아, 지난 9년 동안 자료
의 보존과 정리, 한국학 연구에 대한 체계적 지원, 국내외 한국학
연구자들의 교류 등 여러 측면에서 성과를 거두었습니다. 그리고
전문 연구자만의 한국학에 머무르지 않기 위해 대중과 함께하며
소통하기 위한 프로그램들을 추진하고 있습니다. 매년 수만 명의
시민과 학생이 찾는 상설전시실의 해설을 활성화하고, 특정 주제
에 따라 자료를 선별하고 역사적 의미를 찾는 특별전시회를 열고
있습니다. 2008년 9월부터는 한국학에 관한 여러 주제를 그 분야
의 최고 전문가들이 직접 기획하고 대중의 눈높이에 맞춰 강연하
는 '규장각 금요시민강좌'를 열고 있습니다. 이 강좌는 지적 욕구
에 목마른 시민들의 뜨거운 호응에 힘입어 2015년 1학기까지 14차
례에 걸쳐 이어졌고, 강의 주제도 조선시대 각 계층의 생활상, 조
선과 세상 사람의 여행 및 교류, 일기, 실용서, 그림, 놀이, 전란을
비롯한 다양한 내용을 택해 매번 새롭게 진행해왔습니다.

지역사회와 긴밀히 대화하고 호흡하기 위한 노력의 하나로 금요
시민강좌는 2009년부터 관악구청의 지원을 받아 '서울대–관악구

학관협력사업'으로 꾸려지고 있습니다. 또 규장각 연구 인력의 최신 성과를 강좌에 적극 반영하기 위해 원내의 인문한국Humanities Korea 사업단이 강좌의 주제와 내용을 기획하고 있습니다. 이 사업단은 '조선의 기록문화와 법고창신의 한국학'이라는 주제로 규장각의 방대한 기록을 연구해 전통사회의 삶과 문화를 되살려내고, 그것이 오늘날 우리에게 주는 의미와 가치를 성찰하고 있습니다. 금요시민강좌의 기획을 통해 우리는 과거의 유산과 현재의 삶 사이를 이어줄 뿐만 아니라, 연구자와 시민 사이의 간격을 좁혀주는 가교 역할도 하려 합니다.

강의가 거듭되면서 시민강좌는 강사와 수강생이 마주보며 교감하는 현장성이라는 장점도 있는 한편, 여건상 한정된 인원만이 강의를 들을 수밖에 없는 한계가 있어 늘 아쉬웠습니다. 이에 한 번의 현장 강좌로 끝내지 않고 강의 내용을 옛 도판들과 함께 편집해 '규장각 교양총서' 시리즈로 발간하게 되었습니다. 이미 조선의 국왕·양반·여성·전문가의 일생을 조명한 책들과, 조선 사람과 세상 사람의 여행을 다룬 책, 그리고 일기와 실용서 및 그림으로 조명한 조선에 관한 책들을 펴내 널리 독자의 호평을 얻고 있습니다. 앞으로도 매 학기의 강의 내용을 담아 흥미로우면서도 유익한 책으로 엮어내려 합니다.

교양총서에 담긴 내용은 일차적으로 규장각 소장 기록물과 학자들의 연구 성과에서 나온 것이지만, 수강생과 독자 여러분의 관심과 기대 속에 발전되어나갈 것입니다. 정조의 규장각이 옛 문헌을 되살려 수많은 새로운 책을 펴냈듯이 우리 연구원은 앞으로 다양한 출판 기획을 통해 대중에게 다가갈 것입니다. 이 시리즈가 우리 시대 규장각이 남긴 대표적 문화사업의 하나로 후세에 기억되었으면 좋겠습니다. 여러분의 많은 관심과 성원 바랍니다.

서울대학교 규장각한국학연구원장

김인걸

놀이의 힘을 찾아서

    우리 삶은 일 중심으로 돌아간다. 학생은 공부를 해야 하고, 어른은 직업을 갖고 일을 해야 한다. 그렇다면 놀이는 무의미하고 무가치한 것일까? 물론 아니다. 놀이 없는 삶이란 팥소 빠진 찐빵처럼 무미건조하다. 그 삶을 버텨낼 수 있을까? 놀기만 한다고 그 삶이 반드시 행복한 것도 아니다. 그래서 사람은 일이 필요하다 말한다. 일과 놀이는 삶을 지탱하는 두 축이다.

    일과 놀이가 대립적으로 분리되어 있는 것도 아니다. 많은 놀이는 일과 서로 얽혀 있다. 문인文人들은 시 짓는 놀이를 즐기고, 농부나 어부의 놀이는 풍작이나 풍어에 대한 기원을 담고 있다. 사원 단합대회는 일의 능률을 높이기 위한 장치다. 물론 놀이가 반드시 일과 관련되는 것은 아니다. 지겹고 고단한 일에서 벗어나 여유를 즐기며 삶의 속도를 조절하는 것 역시 놀이의 효과다. 생활이 바빠지면 바빠질수록 여가와 놀이에 대한 욕구도 커진다.

    『중세의 가을』이라는 책으로 널리 알려진 네덜란드의 역사학자 요한 하위징아는 1938년 호모 루덴스Homo Ludens, 곧 '놀이하는 인간'이라는 개념을 세상에 내놓았다. 그는 '생각하는 인간Homo Sapiens'이나 '일하는 인간Homo Faber'보다 '놀이하는 인간'이 인간의 본질에 더 가깝다고 주장했다. 인간은 놀이를 통해 자신의 인생관과 세계관을 표현한다고 보았다. 놀이가 단순히 일을 잘하기 위한 수단은 아닌 것이다. 우리 삶에서 놀이가 어떤 의미를 지니는지 다시 생각해볼 일이다.

이 책에서는 열한 가지 범주로 나누어 옛사람들이 어떻게 놀았는지를 살펴본다. 각각의 놀이는 향유하는 사람이 달랐고, 그 효과 또한 달랐다. 이러한 특성으로 인해 놀이의 의미에 대해 좀더 다각도로 살펴볼 수 있을 것이다.

이 책의 처음은 조선시대 문인들의 꽃놀이에서 시작한다. 꽃놀이는 예나 지금이나 보편적으로 즐기는 놀이 가운데 하나다. 오늘날에도 봄이 되면 벚꽃놀이를 즐기려는 사람들이 공원으로, 거리로 쏟아져 나온다. 조선시대 문인들은 좀더 섬세한 감성을 갖고 좀더 운치 있게 계절마다 꽃 즐기는 법을 연구했다. 밝은 가을 달 아래서 그림자로 국화를 감상했으며 추위가 채 가시지 않은 이른 봄에는 난로를 피워놓고 눈 속에 핀 매화를 즐겼다. 술과 시와 이야기가 함께하는 그 시대 문인들의 꽃놀이는 오늘날에 비해 훨씬 더 풍성했다.

농민의 놀이는 농사력農事曆이라고 하는 농사일의 작업 주기를 따른다. 함께 일하는 사람들이 벌이는 놀이판은 대개 농한기에 집중되어 있지만 그 의미는 저마다 달랐다. 정월 대보름의 놀이는 여가를 즐기는 것이라기보다는 농사일을 시작하는 의례의 성격을 지닌다. 한바탕 축제를 치르고 노동 현장으로 나가는 것이다. 이에 비해 7월 백중의 놀이판은 고된 여름 농사가 끝난 뒤 잠시 주어지는 달콤한 휴식이었다. 가을의 놀이판은 1년의 농사를 마무리한 뒤 있는 자와 없는 자가 풍요를 나누는 자리였다. 이처럼 농민들의 놀이는 노동과 좀더 밀접한 관계에 있었다.

소설 읽기는 오락으로서의 놀이를 보여준다. 조선시대 사람들도 오늘날처럼 소설을 탐독했다. 한글 창제로 더 많은 사람이 소설을 읽을 수 있었고, 조선 후기에는 소설을 상업적으로 대여하고 출판하는 새로운 업종이 등장하기까지 했다. 위로는 국왕으로부터 아래로는 여염의 부녀자까지 소설의 열독자가 되었으며, 소설 쓰기를 놀이로 즐기는 양반들도 있었다. 글을 못 읽는 사람이라면 판소리나 이야기꾼을 통해 소설을 들을 수 있었다. 예나 지금이나 소설은 빼놓을 수 없는 놀이다.

면신례免新禮는 관료사회에서 특화된 의례이자 놀이다. 선배들이 새로 들어온 후배를 맞이하는 환영 의례인 동시에 후배들을 희롱하며 즐기는 질펀한 놀이판이기도 했다. 특히 면신례가 혹독했던 곳은 모두가 선망하는 자리로, 이곳의 면신례는 사회적인 성공을 확인하는 영광의 의례였다. 그러나 면신례 놀이는 후배에 대한 희롱에 치우쳐 있었던 탓에 후배들에게는 굴욕의 의식이었다. 면신례는 관료사회에서 만들어진 놀이의 위계적 성격을 드러내준다.

굿놀이는 절실한 인간사를 신과 함께 풀어내는 제의祭儀이자 놀이다. 공연자인 무당과 악사는 일상사의 한 부분을 확대하고 희화화하여 육담과 재담, 연극적 행위를 섞어 재연하며 관객은 즉흥적인 수작 걸기와 대거리로 놀이에 끼어든다. 삶의 비극적 요소인 액을 제거하기 위한 굿놀이는 해학적인 재담과 연극으로 일상을 웃

조선
10

음으로 승화시키며, 관객은 그 속에서 자신을 발견하고 일상에서 속에 맺혔던 것을 풀어나간다. 굿놀이는 신과 무당, 관객이 어우러져 만들어낸 '힐링'의 놀이였다.

포구락抛毬樂은 공 던지기를 하며 추는 궁중 무용이다. 음악에 맞춰 노래하고 춤추는 중간에 무희나 무동이 편을 나누어 무대 한가운데에 세워진 포구문抛毬門 구멍에 공을 던져넣는 승부를 벌인다. 조선식 농구인 셈이다. 연회에 참석한 관객들은 양편으로 갈라져 응원하고 승부가 끝나면 이긴 사람에게는 상이, 진 사람에게는 벌칙이 내려진다. 포구락은 음악과 노래, 무용의 종합예술 위에 공놀이를 결합한 스포츠 예술이자 예술 스포츠였다.

세시풍속은 절기마다 관습으로 되풀이되던 풍속으로 농경 풍속과도 밀접한 관련이 있다. 그러나 흔히 생각하는 바와 달리 어떤 절기에 어떤 풍속을 행하는가 하는 것은 고정되어 있지 않았다. 시기에 따라 또 지역에 따라 풍속과 그 속에서 행해지는 놀이는 차이가 있으며, 유래와 그 의미에 대한 설명도 여러 가지로 등장한다. 우리에게도 익숙한 쥐불놀이, 석전, 윷놀이, 널뛰기와 그네, 줄다리기 등을 통해 세시풍속의 유래와 그 의미를 되새겨보자.

근대 한국에는 일본의 놀이 문화가 대거 유입되었다. 우키요에라는 판화의 발달에 힘입어 화려한 색채로 무장한 일본의 종이놀이와 카드놀이는 '왜색'이라는 비판에도 불구하고 오늘날까지 우리 놀이 문화의 한켠을 차지하고 있다. 딱지, 옷 갈아입히기 놀이, 주사위놀이, 모노폴리(브루마블), 화투 등이 그 예다. 일본에서 유래한 놀이들이 어떤 형태로 남아 있고, 또 어떻게 변용되는지 살펴보는 것도 흥미진진한 일이다.

말을 이용한 재담집, 재담, 만담은 일제강점기에 조선인을 웃기고 울렸던 웃음 문화다. 재담집은 웃음을 선사하는 이야기를 담은 책이다. 그 전통은 조선시대로 거슬러 올라가지만 근대에 만들어진 재담집은 근대 문물을 수용하는 인간의 태도를 익살스럽게 풍자하여 웃음을 선사했다는 특징이 있다. 재담은 전통사회에서 판소리 광대나 남사당패가 공연하던 장르이지만 근대에는 박춘재라는 걸출한 재담꾼을 통해 대중적인 인기를 끌었다. 만담은 신불출이라는 시대의 이야기꾼이 개척한 장르로 두 사람이 이야기를 주고받으며 해학을 선사한다. 지금은 잘 볼 수 없으나 1970년대까지도 큰 호응을 얻었다.

공기, 연날리기, 뱀주사위 놀이는 어디가 먼저라고 따질 것도 없이 아시아의 여러 나라 어린이들이 공통으로 즐기는 놀이다. 이름도 재료도 제각각이지만 놀이 방식은 비슷하다. 아이들은 놀이를 하면서 근육을 발달시키고, 몰입과 애착, 환희와 좌절, 상상력과 창의력을 터득하며, 인생에서 맛볼 수 있는 거의 모든 감정을 경험한다. 놀이는 아이들을 자라나게 하고 성숙케 하는 촉매제인 셈이다. 아이들의 놀이는 우리가 오랫동안 망각하고 있던 놀이의 힘을 되새겨준다.

가요는 근대에 가장 막강한 영향력을 발휘한 대중문화의 한 장르다. 식민지 시기 창작을 위한 발표 공간이 제한되었던 문학인들은 가요의 가사인 가요시歌謠詩를 창작하여 대중과 만났다. 예나 지금이나 가요의 가사를 쓰는 전문 작사가들이 있는데, 문학인들이 가사로 쓰기 위한 가요시를 지었다는 것은 흥미로운 이야기다. 그 작품에는 〈알뜰한 당신〉 〈꿈꾸는 백마강〉 〈옵빠는 풍각쟁이〉

〈홍도야 우지마라〉〈애수의 소야곡〉처럼 오늘날에도 잘 알려진 노래가 한둘이 아니다. 가요와 문학의 관계를 되짚어봐야 할 이유가 여기에 있다.

오늘날 현대인들에게는 어떻게 잘 놀 것인가가 중요한 화두로 떠오르고 있다. 이 책은 어쩌면 이 질문에 딱 맞는 답을 내놓지는 못할 것이다. 그러나 옛사람들이 어떻게 놀았는지 살펴보는 가운데 좋은 놀이법, 삶을 즐기는 또다른 방법을 발견할 수 있기를 기대해본다.

독자들에게 가장 관심 있는 놀이라면 여행이 아닐까 한다. 여행은 이 책에서 다루지 않았지만 규장각교양총서 제5권 『조선 사람의 세계여행』, 제6권 『세상 사람의 조선여행』, 제7권 『조선 사람의 조선여행』에서 다룬 바 있다. 함께 읽어보면 좋을 것이다.

이 책은 규장각한국학연구원 HK사업단이 교양총서로 펴낸 열두 번째 책이다. 전문적인 연구 성과를 시민들과 함께 나누려는 사업단의 노력이 독자들에게도 알찬 즐거움으로 다가갔으면 하는 바람이다. 바쁜 와중에도 강좌를 맡아주시고 원고를 써주신 여러 선생님께 감사드린다. 독자들이 더 편안하게 즐길 수 있도록 책을 편집해준 글항아리 출판사의 이은혜 편집장께도 이 자리를 빌려 다시 한번 감사드린다.

2015년 6월
필자들의 뜻을 모아
박현순 쓰다

차례

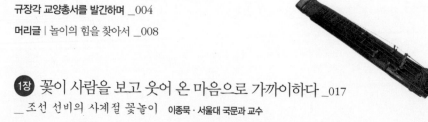

1장

꽃이 사람을 보고 웃어
온 마음으로 가까이하다

◉

조선 선비의 사계절 꽃놀이

이종묵

"꽃이 피어 흐드러지면 잔치를 베풀라"

문인의 풍류라 하면 가장 먼저 떠올리는 것이 꽃구경하면서 술
마시고 또 시를 짓는 일이리라. 고려 말 이승휴李承休가 장미연薔薇
宴이라 명명한 잔치에 참석하고 시를 지었는데, 그 서문에서 "사관
史館의 뜰 가운데 장미가 한 그루 있는데 줄기와 둥치가 무성하여
마치 일산을 펼쳐놓은 듯하다. 꽃이 피어 흐드러지면 관각館閣의
한림翰林들이 반드시 모여 술 마시고 감상하는 것을 대개 상례로
삼는데 이를 장미연이라 한다. 올해 이 모임이 있어 내상內相 하한
공河閒公이 장구長句 한 편을 짓고 황봉주黃封酒를 보내어 즐거움을
돕게 하였다. 대개 공이 사관에 있을 때 그 안에서의 흥이 결코 적
지 않았기 때문이리라. 아, 아름답다. 승휴가 운에 의거하여 한 수
지어 올린다"고 하였다.

이를 보건대 고려시대 여름철에는 장미가 피어나면 장미연이라
는 잔치를 열고 시회를 가졌음을 알 수 있다. 『태종실록』에 따르면
임금이 교서관에 궁온宮醞을 내려 도화연桃花宴을 열게 했다면서

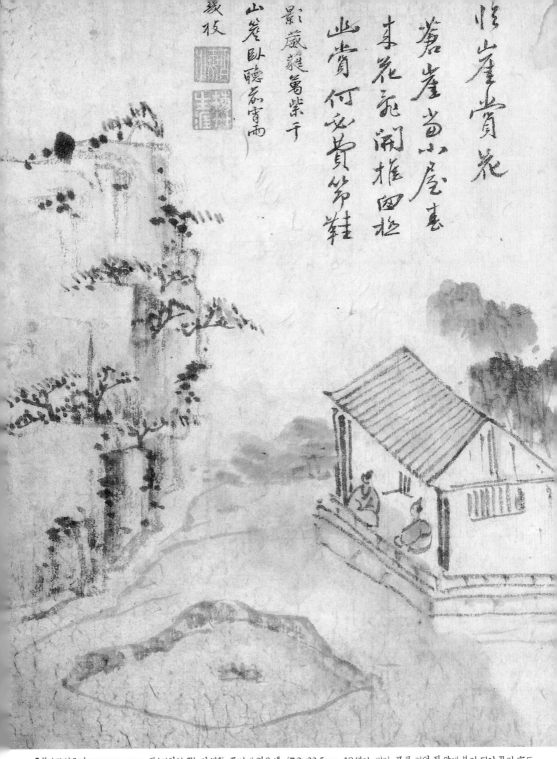

『칠탄정십육경도七灘亭十六景圖』 중 '언덕의 꽃', 강세황, 종이에 엷은색, 47.2×33.5cm, 18세기, 개인. 푸른 언덕 집 앞에 봄이 되어 꽃이 흐드러지니 창문을 밀치고 감상을 다한다는 내용의 시구가 적혀 있다.

예문관의 장미연, 성균관의 벽송연碧松宴, 교서관의 홍도연紅桃宴을 언급했으며, 3년에 한 차례씩 돌려가며 마련해 잔치를 가졌다고 했다. 조선 초기에 임금이 3년마다 관각에 술을 내려 꽃을 즐기는 잔치를 열어주는 일이 관례였던 모양이다. 성현의 『용재총화慵齋叢話』에도 초봄이면 교서관에서 붉은 살구꽃 아래에서 홍도음을 가졌고, 초여름이면 예문관에서 초여름 장미가 필 때 장미음을 베풀었으며, 한여름에는 성균관에서 푸른 소나무 아래 모여 벽송음을 열었다고 했다.

관각에서 비롯된 꽃과 술 그리고 시를 즐기는 이러한 모임은 고려로부터 조선까지 지속되었던 풍류다. 중국 문헌에서는 이런 용어가 확인되지 않으니 우리나라에만 있었던 전통인 듯하다. 계절마다 꽃이 필 때면 조선시대에는 관각뿐만 아니라 일반 문인들도 동료나 벗과 어울려 꽃구경과 함께 시회를 즐기는 문화가 널리 퍼져 있었다. 그러므로 이 글에서는 조선 문인들의 운치 있는 꽃구경의 풍경을 보이고자 한다. 봄날의 꽃구경이 가장 성대했겠지만, 여름의 연꽃, 가을의 국화, 초봄의 매화 또한 계절을 대표하는 꽃으로 운치 있는 시회의 계기를 만들어냈다. 이러한 사계의 꽃놀이를 차례로 살펴보자.

상화회, 가장 아름다운 시기의 풍치를 즐기다

봄이 와 아름답게 꽃이 피면 절로 시흥이 일 터이고 그러면 벗을 불러 꽃구경과 함께 술을 마시면서 시 짓는 일이 자연스럽게 이어졌을 것이다. 봄날 꽃구경하는 모임을 상화회賞花會라 하였다. 이는 꽃구경하는 모임이라는 뜻이니 굳이 봄꽃만 이르는 것은 아니겠지만, 봄이야말로 진정 꽃의 계절이므로 봄날이 되면 도성 도처에서 이런 모임이 열렸던 것은 분명하다. 이런 자리에 또 술이 없을 수 없다. 『세조실록』 1457년 4월 22일 기록에 "도성의 남녀들이 떼 지어 술 마시는 것을 싫어하지 않았다. 매양 한번 술자리를 베풀면 반드시 음악을 베풀게 되고 해가 저물어서야 헤어져 돌아갔다. 남녀가 노래를 부르고 춤추며 길거리에서 큰 소리로 떠들면서 태평시대의 즐거운 일이라고 불렀다. (…) 두견화가 필 때에 더욱 많게 되니, 이름하여 전화음煎花飲이라 하였다"는 내용이 보인다. 전화煎花는 화전이리니 진달래꽃으로 부친 화전을 안주 삼아 술 마시는 것을 전화음이라 했음을 알 수 있다.

화전놀이는 주로 삼월삼짇날을 전후한 시기에 했다. 삼짇날은 상사일上巳日이라고도 하는데 원래는 음력 3월 첫 사일巳日이지만 중국 고대로부터 그냥 음력 3월 3일을 상사일이라 하였다. 또 이날을 답청일踏靑日이라고도 하는데 절기가 이즈음 되면 교외에 풀이 푸르기에 이를 밟고 놀던 풍속이 있었다. 청명절清明節과 겹칠 때도 있으니 가장 아름다운 시기라 하겠다. 특히 조선에서는 삼짇날 진달래로 꽃지짐을 부쳐 먹는 것이 별미였다. 허균은 「도문대작屠門大嚼」에서 17세기 한양에서 봄날 먹는 별미로 두견화전杜鵑花煎, 이화전梨花煎과 함께 쑥떡, 송편 등을 들었다. 또 여름에는 장미전薔薇煎을, 가을에는 국화병菊花餠을 먹는다고 하였다.

삼짇날을 전후해 조선의 선비들은 가까운 벗들과 함께 꽃지짐을 안주 삼아 술을 마시면서 꽃구경을 즐겼고 그런 자리는 자연

「옥계십이승첩」중 '등고상화登高賞花', 임득명, 24.2×18.9cm, 1786, 삼성출판박물관.
옥계시사 동인들의 모임을 그린 것으로 봄에는 옥계에서 꽃구경을 했다.

스레 시회로 이어졌다. 18세기에 조귀명趙龜命은「서계에서 노닐면 서遊西溪記」라는 글에서 봄놀이의 즐거움을 다음과 같이 말하고 있다.

갑진년 3월 그믐이 가까운 날 몇 명과 다시 서계西溪에서 놀았다. 진달래가 아직 지지 않았고 철쭉이 막 흐드러지게 피어 있었다. 맑은 시 버의 하얀 바위가 봄날의 햇살에 빛나고 있었다. 이때 꽃을 부쳐 지짐을 만들고 시냇물을 따라 술잔을 채웠다. 여러 기생을 시켜 노래하게 하여 흥을 돋웠다. 꽃을 꺾어 물에 던지면서 물을 따라 돌거나 하늘로 날아오르는 것에 따라 주흥을 조절하였다. (…) 술에 취하여 바위를 베고 누웠다. 산들바람이 물 위에서 불어와 포말이 얼굴에 날렸다. 시원하여 술에서 깨어났다. 기쁘게 읊조렸다. "바위 위에 꽃이 피어, 그저 예쁘기만 하네. 꽃이 지고 돌이 늙어도, 강건한 기운 영원하기를."

1724년 3월 지리산 기슭의 서계에서 가졌던 흥겨운 자리를 적은 운치 있는 소품이다. 꽃과 해어화解語花, 노래와 시가 어우러진 풍류의 장을 그려냈다.

특히 18세기 이래 소품문이 유행하면서 봄날의 꽃놀이를 주제로 쓴 글들이 등장했다. 권상신權常愼의 「남고춘약南皐春約」이 단적인 예다. 이 글은 1784년 3월 벗들과 남산에서 꽃놀이를 하자며 그 규약을 정한 글이다.

보슬비나 짙은 안개, 사나운 바람이 불어도 가리지 않는다. 1년 중 봄놀이에 비 오고 안개 끼고 바람 부는 날을 제외하면 놀 만한 날이 매

「봄을 즐기는 들놀이의 흥거움賞春野興」,
신윤복, 종이에 채색, 28.2×35.6cm, 조선 후기, 간송미술관.

우 적다. 비 오는데 노는 것을 세화역洗花役이라 하고, 안개 자욱한데 노는 것을 윤화역潤花役이라 하며, 바람 부는데 노는 것을 호화역護花役이라 한다. 옷과 신발을 아까워하여 병을 핑계 대고 미루면서 미적미적 가지 않는 자는 후술하는 바와 같은 벌칙을 받는다.

걸음을 갈 때 소매를 나란히 하기도 하고 또 걸음걸이를 나란히 하기도 한다. 때로 두 명씩, 세 명씩 짝을 짓기도 하고 들쑥날쑥 줄지어 가기도 하지만, 반드시 서로 돌아보면서 한 무리가 되도록 해야 한다. 잘 걷는다 하여 먼저 가서 뒤에 오는 이와 보조를 맞추지 않는 자나, 걸음걸이가 늦어 뒤처졌는데도 앞서 가는 이를 부르지 않아 대오가 무너지게 하는 자는 후술하는 바와 같은 벌칙을 받는다.

꽃구경을 하는 사람 중에 꽃을 꺾는 것을 즐겁게 여기는 이가 있는데, 매우 의미 없는 짓이다. 봄의 신이 꽃을 키우는 일은 마치 농부가 곡식을 키우는 것과 같다. 꽃들이 모두 피로워할 것이요 꽃들도 자연의 생의生意가 무성한 존재이니, 무릇 우리 함께 노너는 이들이 차마 꺾어서야 되겠는가? 꽃을 꺾는 이는 후술하는 바와 같은 벌칙을 받는다.

술을 마실 때 작은 잔을 나이순으로 돌린다. 술이 술잔에 들어 있으면 사양하지 않는 것이 예법이다. 술을 좋아하지 않는 이는 술잔을 받을 차례가 되면 술잔을 들어 꽃 아래에 붓고 머리를 조아리며 꽃을 향하여 이렇게 사죄한다. "삼가 꽃의 신이시여 주량을 살피소서. 주량이 정말 적으니, 이 때문에 술을 땅에 붓습니다." 함께 노는 이들은 이를 불쌍히 여겨서 그 괴로움을 면하게 한다. 술잔 안에 술을 많게 혹은 적게 남겨두고 술잔만 잡고 가만히 있으면서 생각만 하는 이는 후술하는 바와 같은 벌칙을 받는다.

「산수도」, 정약용, 28.9×41.6cm, 개인. 다산이 30대 중후반에 남긴 계열 초급 관리들의 사교 모임인 '죽란시사竹欄詩社'를 그린 것이다. 다산의 서울 집인 명례방에 모여 만발한 꽃을 감상하며 술과 시화로 우의를 다졌다. 모임은 살구꽃 필 때, 복숭아꽃 필 때, 국화 필 때, 늦여름 연꽃이 한창일 때, 오이가 익을 무렵, 큰 눈이 버리면 한 번, 세모에 분매가 필 때 열렸다. 아래는 "매년 봄가을 날씨가 좋으면 계원들에게 연통을 보내 유람할 장소를 정한 뒤 꽃을 감상하거나 단 풍을 구경하는데, 연회를 열 때 떠들어대며 예의에 벗어나는 행동을 하는 사람에겐 술 한 잔의 벌칙을 가한다"는 등의 내용이 적혀 있다.

운치 있는 꽃놀이를 위한 규약을 이렇게 정했다. 의견을 모아 갈 장소를 정하되 날씨를 핑계 삼지 말아야 한다고 했다. 술을 마시지 못하는 사람은 꽃 아래에 술을 붓고 사죄의 글을 읽는 것도 풍치가 있다. 꽃을 절대 꺾어서는 안 되는 규정, 산책할 때 서로 보조를 맞춰야 하는 규정 등을 적었다. 그리고 마지막에 시 짓는 법까지 정해놓았다. 이것이 봄날 꽃을 즐기는 선비들의 놀이다.

한여름 연꽃 완상과 피서음의 극치

피서라 하면 음주가 생각나는 것은 피서음避暑飮의 고사 때문이다. 후한 말기 유송劉松이 하삭河朔에서 삼복더위를 피하려고 밤낮으로 주연을 베풀어 취하면서 만사를 잊었던 고사가 그것으로, 하삭음河朔飮이라고도 한다. 피서음은 연꽃을 감상하면서 벌이는 것이 보통이다. 서유구徐有榘의 『금화경독기金華耕讀記』에 "파초는 물가의 정자나 시원한 누대 곁에 연꽃과 짝하여 심는 것이 좋다. 고인이 '연꽃 만 그루를 심고 파초를 반 무畝 그늘지게 해놓으면 사람의 영혼이 향긋해지고 살갗이 파랗게 된다'고 하였으니, 이것이 더위를 피하는 가장 좋은 방법이다"라고 하였다. 연꽃과 함께 파초를 완상하면서 피서음을 즐겼음을 알 수 있다.

그런데 운치 있는 피서음에서 그 술잔은 연잎으로 만들었다. 위魏의 정각鄭慤이 삼복 무렵이면 빈료들을 거느리고 사군림使君林에서 피서를 했는데 그때마다 큰 연잎을 벼루 통 위에 올려놓고 술서 되를 담은 다음, 비녀로 잎을 찔러서 연밥의 구멍과 통하게 한

「연꽃 분재무늬 접시」, 높이 3.0cm,
입지름 20.9cm, 19세기, 국립중앙박물관.

뒤 줄기를 코끼리 코처럼 구부려서 거기에 입을 대고 술을 빨아 마
셨다. 그 술잔을 벽통배碧筩杯라 하고 이렇게 마시는 술을 벽통주碧
筩酒라 했으며 이런 풍류를 벽통음碧筩飮 혹은 상통음象筩飮이라 했
다. 당나라와 원나라 때 유행한 것인데, 고려 말에 문인들 사이에
이미 이러한 풍속이 자리잡고 있었다.

　그런데 벽통음이라 했지만 실제 그렇게 술을 마시기가 쉽지는
않았던 모양이다. 연 줄기를 구부려서 그 끝에 입을 대고 술을 빨
아 마시자면 체통이 서지 않기 때문인 듯하다. 여말 선초의 문인
이첨李詹은 벽통배를 대신할, 연실로 만든 술잔을 고안해 술 마시
는 놀이를 연종음蓮鍾飮이라 했다. 「연종음의 서蓮鍾飮序」라는 글을
지어 그 방법을 밝혀놓았는데, 잘 익은 연실을 구해 그 안을 파내

고 술잔을 만드니 연실에 달린 대가 손잡이가 되었다고 한다.

　그러나 이첨이 자랑한 연종음은 사라지고 조선의 문인들은 여름철이면 벽통음을 즐겼다. 조선 초기 서거정徐居正의 「벽통음碧筩飮」에는 "오뉴월 높다란 못에 비가 새로 흠뻑 내리니, 뒤집어진 연잎은 방석보다도 더 큼지막하네. 꺾어다가 통 만들고 통으로 술잔을 만드니, 담아놓은 술이 눈에 가득 포도처럼 파랗다네. 머리 들고 하늘 우러러 두 손으로 떠받고서, 코끼리 코를 구부려 마시니 향기가 촉촉하네. 한 번 마시니 눈서리를 더운 창자에 부은 듯, 두 번 마시니 양쪽 옆구리에 날개가 돋을 듯, 세 번 마시니 어느덧 취향에 이르렀으니, 해와 달도 아스라하고 천지도 좁게 보이네"라고 하였다.

　벽통음은 조선 후기에도 크게 유행했거니와, 이윤영李胤英과 이인상李麟祥 등은 1739년 음력 7월 보름 서지西池에서 꽤나 운치 있는 벽통음을 마련했다. 서지는 경기감영에 있던 큰 못으로 연꽃이 유명해 도성 사람들이 즐겨 와서 놀던 곳이다. 「서지에서의 꽃구경西池賞花記」은 이때의 풍류를 그림처럼 담고 있다.

　저녁이 지나자 달이 오르고 별빛이 스러졌다. 사람들은 대부분 발걸음을 돌려 흩어졌다. 우리 다섯 사람은 느릿느릿 걸어 동구를 나서 서지에 함께 이르렀다. 모래언덕이 눈처럼 하얀데 나무 그림자가 하늘거렸다. 연꽃 만여 송이가 달빛을 받아 광채를 발하는데 이슬은 옥구슬처럼 엉기어 영롱하고 향긋하였다. (…) 이윤영은 손으로 막 피려는 연꽃을 꺾어다 연잎이 있는 물에다 띄우고, 임매任邁를 불러 유리 술잔을 꽃 가운데 두게 하였다. 이인상이 술잔 가운데에 촛불을 붙였다. 불

『금오계첩』에 실린 연지에서 계회하는 모습.

「연꽃무늬 항아리」, 높이 27.0cm, 19세기, 국립중앙박물관.

빛이 유리 술잔을 비추고, 술잔이 꽃을 비추었다. 꽃빛과 물빛이 다시 잎을 비추었다. 바깥은 푸르고 안은 은빛이며 밝고 환하였다. (…) 이때 달이 서쪽 창문으로 들어가 아름다운 빛을 흘리니 대낮처럼 훤하였다. 임매가 다시 벽통음을 본떠 연잎에 술을 담고 줄기에 구멍에 내어 빨아먹었다. 먹고 싶은 대로 조금씩 빨아먹으니 향기가 입에 가득하였다. 술을 마시는 자들의 좋은 방식이라 하겠다. 마침내 서로 바라보고 즐기다가 운자를 따라 시를 지었다.

그곳에서 이윤영 일행은 꽃과 시와 술과 그림이 어우러진 풍류를 즐겼다. 연꽃을 구경하는 방식은 더욱 교묘하다. 연잎 위에 올려놓은 연꽃에 유리로 된 투명한 술잔을 두고 그 안에 촛불을 밝혀 환상적인 분위기를 연출한 것이다. 여기에 벽통음도 즐기고 또 시짓기와 그림 그리기를 함께 했다. 이윤영은 이를 시로 지으면서 제목을 "연잎에 물을 채우고 유리 술잔을 꽃 가운데 놓은 다음 촛불을 켜서 띄웠더니 안팎이 훤하였다. 원령은 그 곁에서 먹으로 장난을 치고 백현은 또 벽통음을 하였다. 밤새 웃고 떠들었으니 그 즐거움을 이루 말할 수 없다. 시 두 편을 지어 빼어난 놀이를 기록한다"고 하였다. 그리고 "아름다운 연꽃을 방 안으로 들여놓았으니, 달빛 영롱한 안개 낀 연못은 시름이 깊겠네. 잔 속에 수은을 담은 듯 가을 물이 비치는데, 유리병에 촛불 담았기에 밤바람이 겁이 나네. 빼곡한 연잎엔 넘실넘실 술이 파란데, 새로 핀 꽃 하늘하늘 붉은 그림 펼친 듯. 숲속 정자에 손님 가고 향기가 길에 풍기는데, 저녁 햇살이 서지 가장 높은 봉우리에 비친다"라고 하였다. 이러한 자리에서 쓴 시가 이인상과 이윤영의 문집에 여러 편

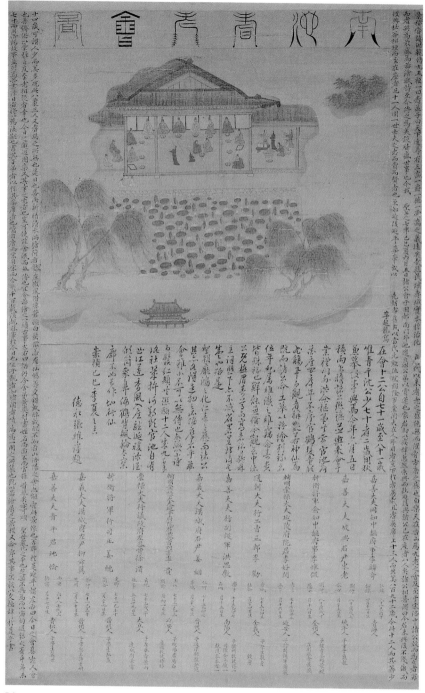

「남지기로회도南池耆老會圖」, 이기룡, 비단에 채색, 116.7×72.4cm, 보물 제866호, 1629, 서울대박물관.

실려 있으니, 아취 있는 시회였던 것이다. 이윤영은 이 작품 외에
도 10수의 연작시로 연꽃을 노래했고, 이인상 역시 이때 여러 편
의 시를 지었으며 「연화도찬蓮花圖贊」을 남겼다. 이러한 시문에서도
사치스럽다고 여겨질 만큼 고급스러운 벽통음을 즐긴 사실이 확
인된다. 여름이면 연꽃 등을 구경하면서 술을 마시며 시회를 즐기
는 것, 이것이 조선 선비의 멋스러움이라 하겠다.

황국음, 국화의 뛰어난 점 다섯 가지

가을이 되어 국화가 피면 풍류를 아는 선비들은 벗을 불러 자신
이 가꾼 국화를 내어놓고 함께 완상하면서 시주를 즐겼다. 국화
를 즐기는 풍류는 황국음黃菊飮, 상국음賞菊飮, 범국회泛菊會, 상국
회賞菊會 등으로 일컬어진다. 이런 행사는 중양절에 절정을 이루었
기에 이색李穡은 "한가위에는 달구경이 맞고, 중양절에는 국화 구
경이 맞다네"라고 한 바 있다.

그런데 조선의 문인들은 국화를 운치 있게 즐기고자 여러 방법
을 고안해냈다. 강희안姜希顏의 『양화소록養花小錄』에는 "초봄이 되
어 꽃이 피면 등불을 밝히고 책상 위에 올려놓으면 잎 그림자가 벽
에 도장처럼 찍힌다. 아름다워 즐길 만하다"라고 하여 촛불을 이
용해 화분에 올려놓은 화훼의 그림자를 완상하는 것에 대해 소개
한 바 있다. 또 김안로金安老는 벗이 보내준 화분에 키운 매화를
등불에 비추어 비스듬한 가지의 성긴 그림자가 또렷이 벽에 어리
는 것을 함께 즐겼고 그림에 뛰어난 아들 김희金禧로 하여금 이를

그리도록 했다. 조선 후기에는 국화에도 이런 방법이 응용되었다. 19세기 이학규李學逵 역시 이런 놀이를 알고 있었기에 「등불 앞의 국화 그림자賦得燈前菊影」에서 "등불이 국화 남쪽에 있으면 그림자는 북쪽, 등불이 국화 서쪽에 있으면 그림자는 동쪽. 상 하나에 책 몇 권과 술 두 동이 있으니, 그저 꽃 그림자 속에 이 모습을 즐겨야 하리"라고 하였다.

　꽃을 직접 즐기는 깃이 아니라 벽에 비친 그림자를 즐긴다. 등불을 이곳저곳 위치를 바꿔가면서 국화꽃 그림자를 바라본다. 손 가는 책을 골라 읽고 술을 따라 마신다. 가난한 유배객의 멋진 풍류라 하겠다. 19세기 전반의 문인 심능숙沈能淑도 "나는 평소 국화와 마음이 맞아 서리가 내린 아침이면 찾아가고 달이 뜬 밤이면 만나며 촛불을 들고서 국화 그림자를 찾는데 말없이 느낌이 있었다"고 술회한 바 있다. 이덕무李德懋 역시 『선귤당농소蟬橘堂濃笑』에서 "가을날 검은 두건과 흰 겹옷으로 녹침필綠沈筆을 휘두르면서 해어도海魚圖를 논평할 때 흰 문종이를 바른 환한 창문에 흰 국화꽃이 비스듬히 그림자를 만들었다. 옅은 먹을 적셔 한껏 따라 그려내니 한 쌍의 큰 나비가 향기를 좇아 꽃에 앉았는데, 나비의 수염이 구리로 된 실과 같아 역력히 셀 수 있었다"고 하여 묘하게 그림과 국화를 즐기는 법을 소개한 적이 있다. 정약용丁若鏞 역시 국화 그림자놀이를 오묘하게 실현했다. 1794년 9월 중순 젊은 시절의 정약용은 한양에 있던 자신의 집 죽란서옥竹欄書屋에서 벗들과 모여 국화 그림자놀이를 즐기면서 「국화 그림자놀이菊影詩序」란 글을 지었다.

「자국괴석紫菊怪石」, 심사정, 조선 후기, 간송미술관. 보라색 꽃을 피운 일곱 송이의 국화가 괴석과 어우러져 자태를 드러내고 있다.

국화가 여러 꽃 중에서 특히 뛰어난 점은 네 가지 있다. 느지막이 꽃을 피우는 것이 그 하나요, 꽃이 오래도록 견디는 것이 그 하나요, 향기를 뿜는 것이 그 하나요, 고우면서도 화려하지 않고 깨끗하면서도 차지 않은 것이 그 하나다. 세상에서 국화를 사랑한다고 이름나서 국화의 멋을 안다고 자부하는 자도 이 네 가지에서 벗어나지 않는다. 그런데 나는 이 네 가지 외에 특히 촛불 앞의 국화 그림자를 취하여 밤마다 이를 위해 벽을 소제하고 등잔불을 켜고는 조용히 그 가운데 앉아서 혼자 즐겼다.

하루는 남고南皐 윤이서尹彝敍에게 들러 이렇게 말하였다. "자네 오늘 저녁 우리 집에 와 자면서 나와 함께 국화를 보지 않으려나?" 윤이서는 "국화가 아름답기는 하지만 어찌 밤에 구경할 수 있는가?" 하면서 병을 핑계 대고 사양하였다. 나는 "그저 한번 보기만 하게"라고 하고 억지로 청하여 함께 집으로 돌아왔다. 저녁이 되어 몰래 아이를 시켜 촛불을 들고 한 송이 곁에 바짝 갖다 대게 하고는, 남고를 끌고 보게 하였다. "기이하지 않은가?"라고 했더니, 남고가 자세히 보고는 "자네 말이 기이하군. 나는 기이한 줄을 도통 모르겠네"라고 하였다. 나는 "그렇군" 하고 한참 뒤에 다시 아이를 시켜 법식대로 하게 하였다.

이에 옷걸이와 책상 등 여러 너저분한 물건을 다 없애고 국화의 위치를 바로잡은 뒤 벽에서 약간 거리를 두게 하고 적당한 곳에 촛불을 두어 밝히게 하였다. 그제야 기이한 문양과 특이한 형태가 갑자기 벽에 가득하였다. 제일 가까이 있는 것은 꽃과 잎이 교차하며 가지가 빽빽하고 정연하여 마치 수묵화를 펼쳐놓은 것과 같았으며, 그다음 가까운 것은 너울너울 어른어른 춤을 추듯이 하늘거려서 마치 달이 동쪽 고개에서 떠오를 때 뜰의 나뭇가지가 서쪽 담장에 걸리는 것과 같았

「국화 새무늬 항아리」, 높이 31.2cm, 19세기, 국립중앙박물관.

다. 가장 멀리 있는 것은 흐릿하고 몽롱하여 마치 가늘고 연한 구름이나 노을이 가물가물 사라지는 것 같기도 하고, 그득한 파도가 갑작스럽게 번쩍번쩍 분간하기 어려운 듯하였다. 그 형상을 무어라 말하기 어려웠다.

이어 윤이서가 큰 소리를 지르며 펄쩍 뛰고 기뻐하면서 손으로 무릎을 치며 감탄하였다. "참으로 기이하네. 이야말로 천하의 빼어난 볼거리일세." 소리를 다 지르고 나자 술을 버오게 하여 시를 짓고 즐겼다.

흰 벽에 비친 국화는, 꽃은 꽃대로 잎과 줄기는 줄기대로 한 편의 먹으로 그린 그림이 되었다. 꽃을 두고 이렇게 즐기는 것이 선비들의 고상함이었다.

대부분은 국화의 아름다운 모습을 감상하고 향기를 즐겼지만, 국화는 이를 넘어 눈과 코 그리고 입을 즐겁게 하며 몸을 튼튼하게 하는 효과가 있다. 그 때문에 선비들은 국화를 차로 끓여 먹거나 술로 담가 마셨다. 국화꽃으로 만든 국화전도 인기 있는 음식이었다. 국전菊煎, 국병菊餠, 국고菊餻라고도 한다.『오주연문장전산고五洲衍文長箋散稿』에 따르면 늦가을 감국을 채취해 꽃받침과 꽃술

「시가 새겨진 국화 넝쿨무늬 병」,
높이 34.9cm, 13세기, 국립중앙박물관.

을 제거한 다음 물을 뿌려 축축하게 하고 쌀가루를 묻혀 전을 부치면 된다. 이때 꽃잎이 뭉치지 않도록 해야 모양이 곱다. 꿀에 담갔다 꺼내어 말려둔 뒤 겨울이나 봄, 여름까지 먹을 수 있다고 했다. 채제공蔡濟恭의「명덕동기明德洞記」에는 "삼월삼짇날이나 9월 중양절이면 바람이 자고 날씨가 따스한 날을 골라 집안의 부녀자들을 이끌고 솥을 가지고 가서 벼랑의 바위에 앉히고, 돌 틈의 들꽃이나 국화를 꺾어 전을 만들어 먹고 쑥국을 끓여 반찬으로 삼았다. 희희낙락하면서 아침부터 저녁까지 즐거움이 끝이 없었다"고 했으니 가족 나들이에도 국화전이 인기를 누렸던 모양이다.

한겨울 달빛 아래 꽃봉오리 터뜨린 매화 감상

『호산외기壺山外記』에 따르면 풍속화로 이름난 화가 김홍도는 어려운 가운데서도 그림을 팔아 얻은 3000전으로 평소 사고 싶었던 매화를 2000전에 사고 800전으로 술을 사서 친구들과 매화음梅花飮을 즐겼다고 하니, 당시 매화음이 크게 유행했음을 짐작할 수 있다. 매화 화분의 값이 비쌌거니와 매화음에도 상당한 비용이 든 것은 난로회煖爐會 혹은 철립위鐵笠圍라 부른 화로에 고기를 구워 먹으면서 매화를 구경한 풍속 때문이었던 듯하다. 『동국세시기東國歲時記』에 따르면 한양의 풍속에 숯불을 화로에 피워놓고 번철燔鐵을 올린 다음 쇠고기에 갖은 계란과 파, 마늘, 후추 등의 양념을 더해 구우면서 둘러앉아 먹는 것을 난로회라 했다는데 철립위라고도 불렀다. 또 번철은 전을 부치거나 고기를 볶는 데 쓰는 무

「가헌관매도」, 이유신, 종이에 엷은색, 35.5×30.2cm, 개인.

쇠 그릇으로 전철煎鐵이라 하는데, 삿갓을 엎어놓은 듯한 모양의 번철 주위에 둘러앉는다고 했다.

난로회는 18세기 무렵 서울에서 크게 유행하기 시작했다. 박지원朴趾源 역시 「만휴당기晩休堂記」에서 벗과 함께 눈 내리던 날 화로를 마주하고 고기를 구우며 난로회를 가졌는데, 세칭 철립위라 부른다면서 온 방 안이 연기로 후끈하고 파와 마늘 냄새, 고기 누린내가 몸에 배었다고 한 것을 보면 오늘날의 삼겹살집 풍경과 그리 다르지 않았던 모양이다. 이인상의 「박매화문駁梅花文」에 따르면 당시 매화 화분이 크게 인기를 얻어 겨울철이 되면 벗과 손님을 초청해 고기를 구워 먹는 화로를 끼고 앉아 꽃 아래서 술을 마신다고 했다. 매화로서는 고기 굽는 냄새가 괴로웠을 터이다.

조선시대 난로회는 눈 속에 핀 매화를 구경하기 위한 모임이었다. 김종수金鍾秀는 1751년 절친한 벗 이윤영 등 6명과 단양에서 만나 한바탕 즐거운 시주의 모임을 가졌던 적이 있다. 그 후 1759년 이윤영이 먼저 저세상으로 가버렸고 함께 놀던 벗들도 다 흩어져 오랫동안 만나지 못했다. 그러다가 1766년 11월 우연히 5인이 서울에서 다시 모였다. 이윤영은 먼저 세상을 떴고 나머지 벗들도 머리가 희끗희끗한 모습이었다. 젊은 시절의 풍류는 다시 누리기 어렵고, 만나면 또다시 헤어져야 하는 세사에 마음이 울컥했다. 그래서 한강이 내려다보이는 풍광이 아름다운 벗의 누각에서 사흘 동안 함께 머물렀고 마지막 날 헤어지기에 앞서 난로회를 열었다. 이때 지은 김종수의 시 제목이 한 편의 글인데 그중 일부를 읽어보자.

겨울이 벌써 반이나 지났는데 날씨는 마침 춥지 않았다. 비가 버리다가 눈이 버리다가 하다가 밤이 되자 다시 달이 떴다. 누각에 올라 강을 바라보고 지팡이를 끌면서 정원을 거닐었다. 화로에 둘러앉아 고기를 구웠다. 상을 마주하고 함께 노래를 불렀다. 각기 하고 싶은 대로 하였다. 감실 안에 있는 작은 매화는 올 때에 피지 않은 꽃봉오리가 별처럼 수북하더니 돌아갈 때가 되자 너덧 송이가 꽃을 피웠다. 사흘 동안 오직 예전에 마구잡이로 한 이야기가 화제의 중심이었고 시는 한 구도 짓지 않았으니, 혹 참뜻을 손상할까 해서였다.

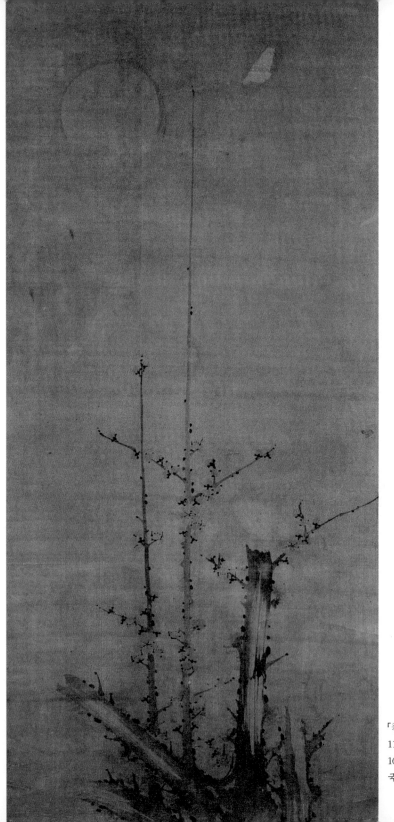

「월매도」, 어몽룡, 비단에 먹,
119.4×53.6cm,
16세기 후반~17세기 전반,
국립중앙박물관.

김종수는 벗들과 옛 추억을 이야기하면서 노변정담을 나누었다. 그 멋에 계절에 앞서 매화도 꽃망울을 터뜨렸다. 아름다운 난로회의 풍경이다.

연꽃 위에 촛불이 담긴 유리 술잔을 올려놓고 감상하는 방안을 고안했던 이윤영 일행은 매화를 감상할 때에도 독특한 방법을 썼다. 「얼음 등불을 읊조려 석정연구시에 차운하다賦氷燈次石鼎聯句詩韻」라는 시의 서문에 따르면, 1749년 백악 아래 계산동桂山洞 오찬의 산천재에 이윤영, 이인상 등이 모여 매화음을 즐겼다. 매화 감실에 구멍을 내고 운모로 막은 다음 이를 통해 그 안에 핀 매화를 보았다. 투명한 운모로 만든 작은 병풍을 둘렀기에 그 빛에 의해 달빛 비친 매화처럼 보였다. 품위를 더하려고 당시 중국에서 유행하던 주공周公이 문왕文王을 위하여 만든 문왕정을 본뜬 솥과 또 다른 골동품들도 함께 진열했다.

조선 후기 문인들의 골동 취향이 매화 감상과 어우러지면서 이런 풍경을 빚어낸 것이다. 이보다 앞서 1744년 이인상은 오찬의 계산동 집에서 그 조카들과 함께 독서를 했는데 이윤영 등도 자리를 함께했다. 이들은 경서를 읽는 여가에 매화와 대나무, 파초를 완상했다. "매화 감실과 대나무와 바위를 옮겨 자리 귀퉁이에 놓아두고 화분의 파초로 짝을 맞추었다. 방이 매우 따뜻해 파초는 잎이 싱싱하게 푸르러 시들지 않았다. 어항에는 무늬가 있는 붕어를 여섯 마리 길렀는데 팔팔해서 즐길 만하였다. 향을 피우는 솥과 별 무늬를 새긴 칼, 우아한 문방구 등을 다 갖춰두고 때때로 평가하고 즐기면서 시간을 보냈다"라는 기록을 함께 본다면, 이인상 등의 운치 있는 매화음을 머릿속에 그려볼 수 있을 것이다.

이렇게 떠들썩한 꽃놀이도 좋겠지만, 이덕무가 세상에서 가장 운치 있는 풍경 중 하나로 "오른편에는 일제히 꽃봉오리를 터뜨린 매화가 보이고 왼편에는 솔바람과 회화나무에 떨어지는 빗소리처럼 보글보글 차 끓는 소리가 들"리는 것을 꼽았으니, 이런 호젓한 꽃구경도 좋겠다. 17세기 후반의 문인 신정申晸은 「홀로 있는 밤獨夜」에서 홀로 서재에서 매화가 꽃망울을 터뜨린 것을 보고 "그믐 되자 매화꽃이 사람을 보고 웃기에, 등불 아래 온 마음으로 가까이 한다네. 찬 서재에서 눈 녹인 물로 차를 끓여 마시는 맛, 금을 새긴 비단 휘장에서 봄인들 이를 당하랴"라고 한 것은 더욱 멋이 있지 않을까.

「매화 국화무늬 주전자」,
높이 18.3cm, 19세기, 국립중앙박물관.

2장

극단적인 노고 속에서
한 판 벌이는 유희

◉

농민의 일과 삶 그리고 놀이

안승택

놀이, 사회구조를 뒤집는 유희의 세계

　이 글은 농민의 놀이를 다룬다. 농민은 둘째 치더라도, 우선 놀이가 무엇인지 알아야 농민의 놀이에 대해서도 말할 수 있을 것이다. 논다는 건 대체 뭘까?

　우리말 놀이가 '놀다'의 어간에 명사화 접미사 '이'가 붙은 낱말이라는 데는 다툼의 여지가 없다. 문제는 '놀다'의 뜻이 단순하지 않다는 것이다. 한글 고어에서 '놀다'와 관련된 명사들을 살펴보면, 우선 놀이의 고어인 '노리'가 있는 것은 당연해 보인다. 그런데 그 외에 노름의 원형에 해당되는 말들(노룸·노롬·노름)은 오늘날의 국어로 놀이·노름·노릇의 뜻을 동시에 지니며, 노릇의 고형태들(노릇·노롯·노릇·놀옷) 역시 노릇·놀이·부부관계 등의 뜻을 함께 갖고, 여기에 노래의 뜻을 가진 낱말들(노릭·놀내·놀닉·놀래·놀릭·놀애)이 한데 뒤엉켜 있다. 이 목록에 '놀리다'와 '날(리)다'의 관련어들도 추가될 수 있을 것이다. 즉, 유희(놀이)와 내기(노름), 희롱(놀림), 음악(노래), 연행(노릇), (공중에서의) 빠른 움직

「씨름하는 모양」, 김준근, 무명에 채색, 28.5×35.0cm, 조선 말기, 함부르크 민족학박물관. 전통시대의 대표적인 놀이 중 하나다.

임(놂)이 놀이 속에서 의미상 서로 완전히 분리되지 않은 채 존재하는 셈이다.

우리에게 익숙한 다른 언어들을 떠올려봐도 사정은 비슷하다. 우리가 오늘날 놀이라고 부르는 대상은 영어의 play, game, sports 등을 포괄하는 범주이지만, 그 중심은 역시 play라고 할 수 있다. 그런데 이 play는 유희 외에 음악 연주와 역할 연행의 뜻도 가지고 있다. 또한 두 글자 모두 '놀다'라는 뜻을 지닌 한자어 유희遊戱를 뜯어보면, 뛰어가는 일이면서 곧 쉬며 가는 일이고辶, 싸우는 일이면서 곧 나는(날리는) 일이며㫃/戈, 위세를 갖추는 일이자 허세 부리는 일이라는虍 식으로, 그 안에 형용모순을 지닌 양가적인 글자들이 모여 있다. 논다는 것은 결국 엄격하고 엄숙한 외양을 안에서부터 무너뜨리는 일이며, 풍악을 울려가며 요란스레 무언가를 연기·연행하는 일이고, 이를 통해 위세를 가장함으로써 그것을 파괴하고 즐긴다는 것이다.

'논다'는 것과 관련하여 세계 곳곳에는 거의 무한대에 가까운 다양성이 있지만, 또 동시에 도처에서 불쑥불쑥 이렇게 공통된 감각이 튀어나오기도 한다. 이 점은 놀이를 연구해온 학자들에 의해 일찍부터 주목을 받아왔지만, 그럼에도 이에 대한 해명은 아직 매끄럽다고 할 수 없다. 아마 시간을 두고 기다린대도 그런 수준의 해명은 어려울 것이다. 한편으로는 모두가 저마다의 방식으로 설명하려들기 때문이고, 다른 한편으로는 놀이라는 현상 자체가 그런 설명들이 다 가능할 만큼 다양하기 때문이다. 그 전모를 요약한다는 것은 불가능에 가깝지만, 약간의 무리를 해서라도 시도하자면 크게 세 가지 틀로 나눌 수 있다. 하나는 인간의 동물적 본능으로부터 놀이에 접근하는 것이고, 둘째는 의례ritual의 일부나 파생물로서 이해하는 것이며, 셋째는 이들과 별개의 특별한 문화적 영역으로 설명하는 것이다.

이 글은 학술적인 논쟁이 목적이 아니기에 이들 중 무엇이 더 옳은지 길게 논의할 필요는 없겠다. 그래도 무언가 정리가 필요하다면, 이 세 측면을 아울러 고려할 필요가 있다는 정도가 될 것이다. 의례와 놀이는 모두 기존의 사회구조를 재생산하기 위해, 일시적으로나 부분적으로 그 사회의 질서를 의도적으로 위배하거나 붕괴시키고, 이런 반反구조 상태를 함께 겪어낸 이들을 반구조 공동체로서 다시 사회구조 안에 통합시키는 작용을 한다. 또 놀이는 위엄과 격식을 (과잉으로) 내세우고 그 규칙을 지킴으로써 성립된다는 점에서 의례와 공통점이 있지만, 그것들을 파괴함으로써 놀이의 고유한 재미를 추구한다는 점에서는 의례와 뚜렷이 구별된다. 또한 하나의 반구조 양식으로서의 본성상 사회질서에 적극적으로 대립하기에, 사회질서의 또 다른 대립물인 동물적 본능을 적극적으로 끌어들이게 된다. 그런 의미에서 위 세 가지 인식의 틀은 분리되기 어렵다. 놀이가 그 비일상적·반구조적 양상뿐만 아니라 구조화된 일상적 삶과 관련해서도 설명되어야만 하는 이유가 여기에 있다. 따라서 이 글에서는 놀이와 그 대립물인 일을 포괄하는 것

「경직도」 중 '추수' 부분. 20세기 초. 국립민속박물관. 농민의 놀이는 일과 대립되는 것만이 아닌, 삶의 맥락에서 이뤄지는 것이다.

으로서 사회적 삶의 맥락에서 농민의 놀이를 검토할 것이다.

　이러한 놀이의 보편성에 대해 설명하는 한편 놀이의 다양성에 대해서도 잠시 생각해봐야 할 것이다. 가령 민속학자들이 꼽는 한국의 놀이 종류만 봐도 211종, 453종, 347종 등 사람과 시기에 따라 백 단위씩이나 차이가 난다. 이런 숫자가 실재하는 놀이 전체와 일치할 수 없으므로 차이가 나는 것은 당연하지만, 여기에는 어디까지를 같은 놀이로 볼 것인가에 대해 견해차를 좁히지 못하는 난감한 사정도 끼어들어있다. 또 실행되거나 기억되는 놀이의 종류 역시 계속 변해간다. 따라서 이 다양성의 문제를 출현시키는 배경을 놀이 및 일과 삶이 이뤄지는 역사적, 자연환경적 맥락과도 관련하여 검토해야 할 것이다.

　한편 다양성의 규모에 대한 이견들 사이에서 내용상 유사한 설명이 발견되는 점은 흥미롭다. 이에 대해서는 여러 가지로 이야기할 수 있지만, 간단히 정리하자면 다음과 같다. 본디 '노는 존재'인 어린이들의 놀이를 제외하면, 때에 따른 놀이의 구분에서는 세시 놀이가, 규모에 따른 구분에서는 집단 놀이가 중심이 되는데, 특히 대보름을 포함한 정월 놀이가 전체 세시 놀이의 3분의 2가량을 차지한다.

　농한기인 겨울에 놀이가 많은 것은 당연하다. 그런데 음력 11·12월의 농사일 마무리 직후보다는 1월의 농사일 시작 직전에 어른들의 집단 놀이가 집중되는 점은, 결국 집단을 추슬러 일하도록 만들겠다는 사회적 의도가 강하게 반영된 결과라고 할 수 있다. 이처럼 농민의 놀이를 일과 삶의 맥락에서 이해하려면 농사의 작업 주기, 즉 농사력農事曆과 노동과정에 대한 이해가 뒤따라야 하며, 놀이의 다양성과 보편성, 지속성과 변화 모두 이를 바탕으로 설명되어야 할 것이다.

"농사 시작되기 전에 크게 한번 놀아보자"

농사일에서 봄철은 논밭갈이와 삶이 등 땅을 일구는 작업, 거름을 내고 씨를 붙이는 등 작물을 심는 작업으로 대표된다. 즉 일이 시작되는 철이다. 일의 첫발을 내딛는다는 계절적, 노동과정적 특성은 놀이에 어떻게 투영되어 나타날까. 이 문제를 다루기 전에 먼저 어리석은 질문 하나를 던져보자. 우리 전통 명절 중 무엇을 가장 크게 칠 것인가? 설일까, 추석일까? "더도 말고 덜도 말고 한가위만 같아라"라는 속언으로 대표되듯, 수확철의 명절로서 추석이 최대 명절이었음은 분명하다. 그러나 조선 후기에 들어서면 한반도 중부와 남부의 논농사에 커다란 변화가 일어난다. 이앙법, 즉 못자리에 씨를 뿌려서 키운 어린모를 모내기에 의해 본답本畓에 옮겨 심는 논농사 방법이 보급된 것이다. 이에 따라 이앙법 도입 지역에서 논의 농사력은 한 달 정도씩 뒤로 밀렸고, 그 결과 추석은 일부의 올벼, 즉 조생종 쌀을 제외하고는 벼가 채 익지 않은 상태로 맞게 되었다. 물론 수확 의례로서 추석의 지위는 유지되지만, 한창 수확해야 할 추석에 놀이판이 크게 벌어지기는 어려웠다.

이에 따라 중요한 명절로 부상한 것이 정월 대보름이었다. 오늘날의 감각으로 보자면 정월 대보름은 오곡밥 먹고 부럼 깨물고 귀밝이술 마시는 날쯤 되지만, 농민의 놀이가 가장 집중되는 때로서

농악은 제초·이앙 등 노역할 때 베풀어질 뿐만 아니라 정초·단오 등 여러 명절날에도 거행된다. 두레(중부 이남) 또는 농상계(중부 이북)라고도 하며, 전라도에서는 매굿·매기굿이라고도 한다.

좀더 적극적으로 들여다봐야 한다. 왜 그렇게 되었을까? 상징적
으로 말하자면, 노는 때로서의 위상이 축소된 추석 대신 새해 들
어 처음으로 가득 차는 달이자 또 다른 큰 보름달인 정월 대보름
달의 충만한 기운을 받는다는 게 놀이의 동기이자 명분이 되었다.
또 농사일의 맥락에서 보자면, 정월 대보름은 양력 2월 4일경에
드는 입춘을 전후로 닥쳐 뭔가 움직임이 활발해지기 시작하는 때
다. 농사 현장에 대한 감각 없이 정월 대보름을 떠올리면 그저 겨
울철 한가운데에 든 날로 여기기 쉽다. 그러나 농민의 감각으로 이
날은 겨울철 농한기를 끝내고 바쁜 농사철이 시작되는 계기로서
큰 의미를 지닌다. 정월 대보름 행사들을 봄철 놀이로 여겨야 하
는 까닭이 여기에 있다.

　정월 대보름의 이러한 자연적·농사력적 의미의 지속은 동제洞
祭·산신제 등 마을 단위 공동체 의례에 수반되는 각종 놀이와, 두
레놀이, 지신밟기, 횃불싸움, 다리밟기, 줄다리기, 석전石戰(돌팔
매싸움) 등 온갖 농촌의 집단 놀이가 집중되는 정월 대보름의 놀

다리밟기는 대보름날 다리를 밟는 풍속으로, 이렇게 하면 그해 다리병을 앓지 않고 액운을 면한다고 믿었다. 주로 여자끼리 즐긴 놀이다.

이 경관에 독특한 색깔을 입혀나가게 된다. 다시 그 상징적 의미를 보자면 대보름달을 통해 점풍占豐, 즉 한 해의 농사를 점치고, 기풍祈豐, 즉 한 해의 풍작을 비는 일이 된다. 그러나 사실상의 의미는 농사철이 본격화되기 전에 '마지막으로 한번 크게 놀아보자'는 것에 다름 아니다.

　정월 대보름이 농민의 놀이가 집중되는 때이면서 농한기에서 농사철로 넘어가는 변곡점이다보니 이와 관련된 재미있는 풍속들도 나타난다. 경남 서부 지역에서는 정월 대보름 이튿날, 그러니까 음력 1월 16일을 '고마이날'이라 하여 마지막 노는 날로 여긴다. 16일을 '암고마이날', 17일을 '수고마이날'이라 부르며 노는 곳도 있다. 정월 초하루부터 보름을 놀았으니 이제 그만 놀자는 뜻인데, 그만 놀고 일하도록 하려는 의도와, 대보름날을 지나 하루나 이틀은 더 놀아보겠다는 의도가 충돌해 생겨난 명칭이고 문화다. 경기 파주에서 보고된 정월 16일의 '귀신날' 놀이 풍속 역시 유사한 성격을 띤다.

근대 들어서는 음력 2월 1일을 '머슴날'이라고 하여 머슴을 놀리는 풍속이 널리 퍼졌다. 삼남 지방에서는 정월 대보름날 볏가릿대를 세워 그 꼭대기에 매달아둔 주머니 안의 곡식이 불은 정도를 보아 그해의 풍흉을 점치고, 그 곡식으로 떡을 해 먹이면서 풍장을 두드리며 놀게 한다. 강원·경상 등 영동 지역과 제주 등지에서는 이날을 '풍신風神날' '하래들은 날' '영등날'이라 부르는데, 상징적으로는 바람의 영향을 많이 받는 지역에서 바람의 신인 '영등할망'을 모시는 풍습이지만, 내용상으로는 농사짓는 집에서 이날 이후 본격적으로 부리게 될 머슴을 미리 대접하는 행사다. "2월 초하루에는 머슴들이 담장을 잡고 운다"거나, "2월 영등밥을 먹으면 머슴이 울타리를 붙잡고 운다" "머슴은 삽자루 끝을 잡고, 하녀는 물레를 잡고 운다"와 같은 속담이 그런 사용자들의 반대편에 선 일꾼들의 심정을 드러내준다.

다시 정월 대보름으로 돌아와보면, 이 시기 집단 놀이 중 대표격인 줄다리기를 봐야 마땅하다. 전래 줄다리기는 한 가닥의 줄을 가지고도 했지만, 대개는 굵은 암줄과 수줄을 비녀목이라 불리는

여러 겹으로 꼰 줄을 마을 총동원으로 양쪽에서 잡아당겨 진행하는 줄다리기의 장면. 여기서 이기면 그해 농사가 잘된다고 했다.

통나무를 꽂아 결합시킨다. 암줄과 수줄의 결합, 암줄과 수줄 구멍에의 비녀목 삽입, 서로 당기고 끌리면서 땅에 대고 줄을 비비는 것이 모두 성적 결합의 상징으로 땅의 생산력을 불러일으키려는 행위다. '물위水上'와 '물아래水下' 등으로 편을 갈라 이기는 쪽에 풍년이 든다고 보기도 하고, 남녀로 편을 갈라 여자 쪽이 이겨야 풍년이 든다고도 한다. 후자의 경우 보통 남자 편이 일부러 져주며, 승부가 아니라 음탕한 농지거리로 함께 즐기는 것을 재미로 삼는다. 춘천·가평 등 강원 영서·경기 동북 지역에서 많이 행하는 수레싸움놀이車戰, 영산 등 경남 지역에서 행하는 쇠머리대기木牛戰·木牛戲 등에서도 점풍과 기풍의 상징적 행위가 어우러진다.

　이런 상징적 의미 외에 줄다리기는 사회적 성격도 띤다. 우선 재래 줄다리기에서 사용하는 줄은 근대 이후 우리가 학교 운동회 같은 데서 보는 줄과 달리 훨씬 더 굵어서, 지름이 1미터가 넘기도 했다. 이런 때는 줄을 직접 당기는 게 아니라 굵은 몸줄에 새끼줄을 달아 당기는데, 이처럼 거대한 줄을 준비하려면 많은 짚이 필요하며, 이를 준비하는 과정 자체가 지역사회 체계를 드러내는 일이 된다. 우선 각 동네에서부터 지신밟기 등을 하면서 짚을 모으고, 이를 새끼로 꼬아 줄다리기가 이뤄지는 중심지로 가져오면서 참여자들은 지역 단위로 결집을 이룬다. 또 수백에서 때로는 천 단위를 넘는 인원이 줄을 당기기도 하고, 수천에서 때론 만 단위를 넘는 군중이 구경 삼아 모여듦으로, 이는 단순한 놀이가 아닌, 농민이 풀뿌리 단위에서 교류·결합하는 사회 조직화의 방식이 된다. 굳이 이처럼 큰 규모가 아니더라도 작은 단위에서의 줄다리기 또한 소규모 지역사회의 질서와 체계를 보여준다. 줄다리기 외에 두레

들 사이에 농기를 들고 새해 인사를 드리는 신년 의례인 (농)기세배에서도, 형님두레와 아우두레 등으로 마을 사이에 맺어진 조직적 결합이 확인된다.

이런 놀이 풍속에는 당연히 각 지역의 환경적 특성도 새겨진다. 가령 줄다리기가 끝난 뒤 줄을 처리하는 방식을 보면, 태워서 재를 만들어 거름으로 쓰는 데가 있는가 하면 창고 등에 보관하는 곳도 있다. 전자가 당장 거름이 급한 소규모 마을의 경우에 해당한다면, 후자는 거름이 비교적 풍부하지만 짚 자체나 새끼를 꼴 인력이 부족한 마을에서 있음직한 일이다. 또 줄을 잘라서 줄다리기 참여자들이 나눠 갖도록 하는 곳이 있는 반면, 제방으로 가져가 쌓아두는 곳도 있다. 전자가 넓은 지역 단위에서 각 촌락민이 중심지(장시 등)로 모여듦으로써 대규모로 놀이가 행해지는 경우라면, 후자는 지대가 낮아 여름철 범람의 우려가 높은 곳들이다. 당산나무에 감아두거나 강에 흘려보내기도 하는데, 이는 비교적 짚이 풍부한 곳이라고 할 수 있다. 전자는 앞서 줄을 창고에 보관해두는 경우처럼 미래의 예측 불가능한 수요에 대비하려는 것이다.

이런 점들까지 고려할 때 우리는 줄다리기 후 줄 처리 방식 같은 작은 문제에서도 선인들이 일과 삶을 영위했던 지혜를 엿볼 수 있고, 또 그들이 살아왔던 고장의 자연적·인문적 환경도 이해할 수 있다. 다른 한편 요즘 농촌에는 젊은 사람들이 없다보니 줄다리기판에 공무원과 군·경·학생들이 동원되는 일도 흔하다. 이것은 '놀이'인가, 아니면 '일'인가? 오늘날 농촌의 장례 풍속 주체가 더 이상 고장의 농민이 아닌 포클레인 기사가 된 현상과 같은 맥락의, 웃지 못할 희비극이다.

극단적인 노고와
무더위 속에서 발휘된 놀이의 욕구

농민의 일과 놀이에서 여름철은 양력 5월 5, 6일경 드는 입하
무렵부터 시작된다고 여겨진다. 여름철 농사는 논에 물 대고 관리
하는 일과 모내기하는 일, 그리고 논밭에서 김을 매는 일이 주된
작업이다. 여기에 밭 이모작을 하는 지역에서는 보리·밀 등 밭앞
그루 작물의 수확과 조·콩·팥 등 밭뒷그루 작물의 파종 작업이
이뤄지며, 누에를 치는 집에서는 누에를 올리는 작업 역시 이 철
에 해야만 했다. 봄철 농사 역시 바쁘고 일손이 많이 가며 고되지
만, 여름철 농사는 무더위까지 거들고 나서면서 고역이 절정에 달
한다. 반면 여름철 작업들이 일단락되고 나면 가을 수확철에 이
르기 전까지 비교적 한산한 시기가 찾아온다. 이렇게 초여름부터
한여름까지의 극단적인 노고와 한여름 이후 비교적 한가해지는
시기가 극적으로 접합되는 점이 이 시기 농사의 큰 특징이다.

이런 여름철 놀이의 정점은 본래 단오였다. 주요 밭작물의 수확
이 이뤄지는 시기이기 때문이다. 가령 앞서 석전이 정월 대보름의
주요 놀이라 했지만, 원래는 단오놀이였다. 고려 공민왕 때 석전
을 금지시켰을 때도, 우왕 때 임금이 석전 관람을 원했을 때도 이
는 단오 풍속이었다. 조선 초기에도 마찬가지였다. 태종대에 주요
한 국속國俗의 하나로 기록했을 때나 세종대와 성종대에 이를 금
했을 때까지 모두 그러했다. 그런데 단오가 드는 양력 6월 초중순
은 농사력의 진행상 놀이의 철이 되기에 몇 가지 근본적인 한계가
있었다.

「경직도」, 전 김홍도,
종이에 채색,
100.2×49.0cm,
조선 후기, 국립중앙박물관.
농촌의 잠업활동이 한창인
시기를 묘사했다.

첫째, 이때 밭농사에서는 일이 일단락 지어졌지만 논농사는 아직 한창인 시기다. 게다가 조선 후기로 접어들면서 한반도 중부 지역까지 이앙법 농사가 확산되자, 이때는 모내기철로 1년 중 가장 바쁜 때의 하나가 되었다. 당시 모내기는 대개 양력 6월 5일경에 드는 망종 때 시작하는 것을 원칙으로 삼았지만, 이때는 아직 봄 가뭄이 이어졌고 6월 하순에 들어서야 '못비'가 조금씩 내리기 시작했다. 조선시대 들어 이앙법 농사의 이점이 널리 알려졌음에도 이를 국가적으로 금지했던 것은, 이런 건조 기후에서 모내기를 하려다가 자칫 한 해 농사 전부를 망칠까 우려했기 때문이다.

사정이 이렇다보니 모내기는 양력 6월 중하순이 되도록 끝나기는커녕 시작도 못 하기 일쑤였고, 심지어 7월에 들어서 하는 일도 드물지 않았다. 따라서 모내기는 기약 없이 늦어지기 십상이었으며, 물관리에 일손이 바쁘고 농촌의 민심조차 흉흉해지기 마련이던 이때는 큰 놀이의 철이 되기 어려웠다. 단오놀이였던 석전이 정월 대보름으로 옮겨간 것, 아울러 한반도 중부 이남에서 단오놀이의 비중이 점점 줄어든 것은 이런 상황과 관련 있다. 민속학계에서는 한반도의 기층문화권을 북부의 '단오권', 서남부의 '추석권', 동남부의 '단오-추석 복합권'의 세 영역으로 나누는 논의가 있다. 이런 관점에는 논란의 여지가 있지만, 밭농사 지역에서 단오 문화가 강하고 논농사 지역에서는 그러기 힘들다는 사정은 정확히 파악한 것이다.

둘째로는 밭농사 자체를 봐도 6월이 놀이철이 되기에는 약간 문제가 있었다. 1년 1작으로 밭농사를 짓는 지역에서는 별문제가 없지만, 밭에서 1년에 두 그루를 갈아먹는 이모작 농사를 짓는다면

「단오추천端午鞦韆」, 김준근, 종이에 채색, 31.0×38.7cm, 19세기 말, 개인. 단옷날 대표적인 놀이가 그네타기였다.

보리와 밀 등 앞그루 작물의 수확이 끝나자마자 조·콩·팥 등 뒷그루 작물 파종에 나서야 했다. 그러다보니 경기 중부에서는 밭앞그루 작물의 수확, 밭뒷그루 작물의 파종, 약간 늦어진 논의 모내기 등 세 가지 작업이 거의 함께 진행되는 이 시기를 '삼그루판'이라 부른다. 조선 후기 농서에서도 이때를 삼농극망지시三農劇忙之時, 즉 '세 가지 농사로 지극히 바쁜 때'라고 적은 기록들이 있다.

이처럼 삼그루판은 1년 중 농사일이 가장 바쁜 철로, 일손이 모자라 품일꾼의 임금도 앙등한다. 이런 상황에서 농민들은 '삼그루

2장
극단적인
노고 속에서
한 판 벌이는 유희

65

판에는 부지깽이도 뛴다'거나 '삼그루판에 제 일 할 때는 굼벵이도 세 길을 뛴다'는 식으로 그 분주함을 묘사한다. 이때는 도저히 놀 수가 없는 것이다. 따라서 전적으로 논농사가 중심이 되는 농업 환경이 아닌 곳에서도, 밭 이모작이 확산되는 조건 아래에서는 여름의 놀이철로서 단오의 위상이 퇴색하지 않을 수 없었다.

한편 모내기와 밭뒷그루 파종이 끝나면 열흘가량 시차를 두고 논밭매기, 즉 제초 작업이 진행된다. 이때 잠시 숨 돌릴 겨를이 있을 것 같지만 사정은 그렇지 못했다. 모내기는 각 농가가 자기 집 논에서만 하는 것이 아니라, 보통 동네가 함께 의논해 '일날'을 받아 공동 작업을 한다. 모내기 자체가 물 사정을 헤아려가며 한 달 가까이 이어지므로, 이른 시기에 모내기를 마친 집이 두벌 논매기에 들어갈 때에야 비로소 모내기를 시작하는 집도 있었다.

게다가 마을 공동의 모내기는 대개 농사 규모가 크고 여유가 있어 많은 일손을 필요로 하는 집에서 시작해 점차 작은 규모의 논으로 옮겨갔다. 이 일에서도 역시 적기適期를 지키는 것이 중요하며 때를 놓친다면 손해 볼 위험이 커진다. 즉 없이 사는 사람들의 농사가 실패할 위험도도 더 높았다. 또 사는 게 어려운 이들은 춘궁기에 잘사는 집에서 미리 곡식을 얻어먹은 뒤 농사철에 그 집에서 원하는 날이면 달려가 제 일 제쳐놓고 그 집 일부터 해주어야 했다. 그러지 않으면 이듬해 춘궁기에 다시 곡식을 얻어먹을 수 없기 때문이다. 농민들은 이렇게 농촌 내부의 계급·계층적 편차가 생기는 사정을 두고 "지금도 부익부빈익빈이라지만 그때는 더했다"고 술회들을 한다. 어쨌거나 놀이의 중심이어야 할 마을의 중소농, 빈농들이 이제 한창 모내기를 하는 터에 모내기를 먼저 끝냈

「경작도」, 20세기 초, 국립민속박물관. 모내기를 하고 밭을 가는 등 한창 바쁜 농사 시기의 풍경이다.

다고 일손을 놀리는 일은 물리적으로든 도의적으로든 가능하지
않았다.

　따라서 여름 놀이철은 논매기가 일단락되는 음력 7월 상순(양력
8월 중순) 이후의 비교적 한가한 시기에 찾아온다. 조선 후기 들어
논매기는 '두레' 또는 '농사農社'라 하는 공동 노동 조직에 의해 수
행되는 것으로 바뀌었다. 그리고 두레 논매기가 끝나면 논농사는
태풍이나 폭우로 인한 벼의 도복倒伏, 제방 붕괴 등을 예방하거나
수습하고, 아침저녁으로 논을 다니며 병충해 확산을 경계하는 일
만 남겨놓게 된다. 두레 공동 노동의 확산을 매개로 논매기가 끝
나는 시기의 놀이판은 자연스레 커질 수밖에 없었다.

　따라서 두레 논매기가 끝나면 각 마을에서는 '호미걸이' 또는
'호미씻이洗鋤宴'라고 하여 잔치를 벌이고 노는 것이 논농사 지대의

풍습이었다. 대개 논에서 제초에 사용하는 논호미는 일반 밭호미보다 더 크고 우락부락한 형태를 띠었다. 이는 밭에서 사용하지 않으므로, 논매기가 끝나면 이듬해 논일이 다시 시작되기 전까지 논호미를 씻어서 걸어둔다는 의미에서 붙여진 이름이다. 그 외에 칠월 칠석을 전후하여 마을에서는 개울가에 모여 천렵을 하고 하루 종일, 때로 이틀 사흘을 이어가며 풍물을 치고 놀기도 한다. 그러나 여름철 일을 마친 마당에 놀이의 욕구가 여기서 끝날 리 없다.

이때 찾아오는 절기가 음력 7월 15일 백중날인데, 농촌의 정기시장(오일장)에서는 이날 열리는 장을 백중장이라고 하여 연중 가장 큰 장으로 여겼다. 근대 들어 머슴들이 농촌 노동력의 중심이 되었을 때는 이날을 '머슴날' 또는 '머슴생일날'이라고 했다. 머슴을 둔 집의 주인이 머슴에게 용돈을 주어 장에 나가 놀게 했기 때문이다. 장에 나가 신나게 놀던 머슴들은 힘자랑을 하다가 싸움판을 벌이거나, 술 먹고 장터에 쓰러져 자는 등 헤매고 다니다가 며칠 만에 머슴 사는 집으로 돌아오는 일도 드물지 않았다. 물론 그대로 달아나버리는 이들도 있었다. 해방 후 경기 남부에서는 평택, 수원 등 큰 역의 역전이 이런 농촌 일용 노동자들이 몰려드는 곳이었다. 지금도 농민들은 "하여튼 거기가 노무자들 집합소 같은 덴데, 와서 이삼 일만 하면 도망을 가고, 그러면 또 가서 데리고 오고 (…) 오다가도 도망을 하는걸. 조반만 얻어먹을라고. (…) 그때 그 사람들 하는 이야기를 들어보면 '나중에 어떻게 되는 거야?' 그러면 '평택읍장한테 신세 좀 져야지' 그러면서 온다는 거야. 늙어서 평택읍에 논두렁을 비고 죽으면 평택읍장이 시체를 치워준다는 거지"라며 그들의 이야기를 들려준다.

백중날은 음력 7월 15일이지만, 재래 농촌의 정기시장의 장날에 따라 그즈음을 전후하여 서로 다른 날로 잡힌다. 백중장은 대개 시장 상인들이 비용을 추렴해서 평소와 다른 특별한 오락거리들을 유치하여 밤까지 행사가 이어진다. 이렇게 사람들을 끌어들이기 위해 크게 벌이는 장을 '난장'이라고 한다. 이런 특별 행사와 오락을 담당하는 상인 및 놀이패들 역시 날을 바꿔가며 열리는 백중장을 따라 돌았다. 그중에서도 가장 중요한 행사는 씨름판이었다. 씨름판에는 장터마다 시장권 내 마을들에서 힘깨나 쓴다는 농민 모두가 나섰지만, 대개 높은 성적으로 입상하는 이는 좀더 전문적인 씨름꾼들이었다. 이들 역시 백중장의 장꾼이나 놀이패들과 함께 각 백중장 씨름판을 순회하는 양상을 보인다. 각 마을로부터 장으로 향하는 농민들의 흐름과, 외부로부터 들어와 각 장터를 순회하는 전문적인 상인·예능인·'운동선수'들의 움직임이 어우러지면서, 민중 수준에서 지역사회를 형성하며 지역 체계를 이루는 것이다.

다시 농민들이 살아가는 농촌 마을로 돌아오면, 논매기가 끝났음을 알리고 이를 축하하는 호미걸이는 중부 논농사 지대에서는 음력 7월 초 또는 칠월 칠석을 전후하여 열렸다. 남부 지방에서는 대개 음력 7월 15일의 백중 이후가 되고, 심지어 음력 8월에 들어서야 열리기도 했다. 반면 논농사가 성행하지 않거나 논농사를 짓더라도 두레 논매기가 활발하지 않은 북부에서는 이런 놀이 행사가 없었다. 가령 지금은 이북 땅인 황해도 재령평야에는 재령들, 신천들 등으로 불리는 대규모 논농사 지대가 펼쳐졌는데, 노동력이 부족해서 모내기 때는 좀더 남쪽 지역의 사람들을 불러들여 일을 시켰고, 두레 논매기가 없었을 뿐 아니라 호미로 논을 매는 풍습 자체가 없었다. 이런 지역을 두고 농민들은 '들은 넓고 사람은 없다'고 묘사하며, 조선시대 기록에는 '지광인희地廣人希' '지다인소地多人少'라 표현된다. 사람이 많아서 제몫아치로 경작할 땅이 좁은 곳과, 들은 넓고 사람이 적은 곳은 이처럼 농업 경영의 방식과 놀이 문화 역시 다르게 나타났다.

그런데 이런 차이 역시 한편으로 지역 환경에 따른 농사력의 차이에 따른 것이기도 했다. 오늘날의 농사에서는 남부 지방에서 모내기가 먼저 시작된 뒤 점점 북쪽으로 올라오지만, 해방 직후까지의 농사력에서는 그 반대였다. 농민들은 흔히 이를 '심어 내려가고 걷어 올라온다'고 표현한다. 북부 지방에서는 한랭한 기후 조건상 논벼가 남부에서만큼 빨리 익지 않기 때문에 충분한 숙기熟期를 확보하기 위해서라도 남쪽보다 이른 시기에 이앙해야 했는데, 그럼에도 불구하고 수확은 오히려 늦어졌던 것이다. '들은 넓고 사람은 없는' 북부의 대규모 논농사 지대에서 남부 지방의 농민들을 불러들여 모내기를 시킬 수 있었던 것은 이처럼 중북부 지방에서 품을 판 뒤 남부로 이동해도 그곳 모내기철에 맞출 수 있었기 때문이다. 그 결과 일꾼들이 중심이 되는 자체적인 모내기·논매기 직후의 집단적 놀이 문화는 잘 발달하지 못했던 것이다.

가을철의 놀이,
사회 공동체를 탄탄하게 하다

가을철은 무엇보다도 수확의 계절이다. 농민의 놀이 역시 이 수확의 리듬에 의해 구성되며, 수확 자체가 가을철 모든 놀이의 상징적인 모티브를 이룬다. 그중에서 조선 후기 이래 농민 놀이의 때로시 추석의 비중이 점차 줄어왔다는 점은 앞서 언급한 대로이다. 그럼에도 추석은 중요한 날이다. 한반도 중부 지방에서 추석 놀이로 가장 두드러졌던 것은, 오늘날에는 거의 잊힌 거북놀이다.

낯설게 들리는 이 놀이를 대략 설명하면 이렇다. 농민들은 수수로 거북이 모양을 만들어서 뒤집어쓴 것을 앞세워 마을을 돌아다니며, 주로 부유한 집을 찾아 "천석 거북이 들어갑니다. 만석 거북이 들어갑니다. 문을 열면 만복이 오고 땅을 쓸면 황금이 쏟아지니, 대문을 활짝 열어주소서"라고 외치면서 대문 안으로 들어간다. 집 안에 들어서면 장광, 조왕, 샘 등을 돌면서 한바탕 굿을 하는데, 굿을 노는 모습은 주로 정월 대보름에 행하는 지신밟기 놀이와 유사하다. 그러다가 갑자기 거북이가 푹 쓰러지고 사람들이 둘러서 술렁거리면 "거북이가 멀리 동해 바다에서 여기까지 오느라 배가 고파 저러니 밥을 좀 주시오" 하고 음식을 청한다. 이에 주인이 상을 봐오면서 "먹을 것은 얼마든지 있으니 배불리 드시고 우리 집 복이나 많이 빌어주시오" 하면, 거북이가 일어나 음식을 먹고는 한바탕 더 놀고 다음 집으로 향한다. 이를 풍장패가 뒤따르면서 "거북아, 거북아, 놀아라, 백석 거북아 놀아라, 천석 거북아 놀아라"라고 합창하며 함께 이동한다.

오늘날 거북놀이 하는 모습, 경기도 이천.

이 놀이는 주로 여주, 이천, 용인, 안성 등 경기 동남부 지방과 이에 연접한 충남 내륙의 천안 등지에서 행해졌으며, 가장 활발했던 곳은 경기도 이천, 특히 장호원 일대였다. 그보다 남쪽으로 내려가면 모내기가 늦었기 때문에 추석에는 거둘 수 있는 쌀이 거의 없었고, 놀이를 하더라도 먹을 게 별로 없었다. 이천은 지금도 중부 지방에서 쌀의 주산지로 유명하지만, 여주, 이천, 용인, 안성, 천안 등지는 중부 내륙의 벌판에 펼쳐진 벼농사 지역이라는 공통점이 있다. 특히 여주와 이천에서는 '자채'라고 하여 약간 붉은빛이 도는 올벼 품종을 재배해서 나라에 진상하고, 집에서 제례를 올리며, 여유가 있으면 고가에 내다 팔기도 했다. 이 지역 농민들의 전언에 따르면, 일제강점기 이래 각 논에서 모두가 일본으로부터 수입된 외래 품종을 재배하게 된 이후에도, 경작자마다 농사를 짓는 곳 중 가장 좋은 논바닥에서는 반드시 자채를 재배해 차례상에 올리는 풍속이 해방 직후까지 남아 있었다고 한다.

'놀이'는 아니지만 이와 비슷한 문화로 경북지역에서는 추석 차례를 지내기 위해 따로 조생종 쌀을 심고 이를 차례상에 올리곤 했으며, 음력 9월 9일 중양절에 추석을 대신해 햇곡식을 바치는 천신薦新 의례를 행하는 곳도 있었다. 이를 '심리' '심니' '신미' 등으로 부르는데, '조기심니'나 '외심니' 등의 용어가 있는 점으로 미루어 이 말의 원형은 '신미'이며, 미는 쌀 미米가 아니라 맛 미味일 것으로 보는 설이 유력하다. 이로써 미루어볼 때, 이천 등지에서 거북놀이가 비교적 늦은 시기까지 활발하게 행해졌던 배경에는 중부지방의 논농사 지역에서 자채 등 재래 올벼 품종을 특별히 재배해 차례상에 올리곤 하던 문화가 있었다고 할 수 있다. 그 외의 지역에서는 그때가 추석이 되거나 그렇지 않기도 했지만, 본격적인 수확에 앞서 처음으로 거둬들인 쌀을 조상이나 신에게 바치고 또 마을 농민들에게 풀어 먹이는 놀이 문화가 있었으며, 그 배경에도 역시 이러한 올벼 재배 문화가 있었다.

그렇다면 올벼 재배 문화가 없거나 사라진 곳에서는 어떻게 했을까. 채 익지도 않은 벼를 훑어다가 아직 굳지 않아 반 액체 상태인 쌀을 불에 살살 볶아 익혀서 밥을 지어 먹었다. 왜 그렇게까지 해야 했던가. 물론 그만큼 먹을 게 부족했기 때문이지만, 달리 말하면 먹을 게 없어도 제사를 지내고 놀이판을 벌여야 했기 때문이다. 그 정도로 추석의 제례와 놀이는 중요했고, 조선 후기 이래 추석 놀이의 생산력적 기반이 점점 약해지는 와중에도 그것이 끝내 사라지지 않고 살아남을 수 있었던 배경이 여기에 있었다. 그리고 그렇게 해도 부족한 것은 앞서 거북놀이를 통해서 보았듯이 동네 부자들이 내놓아 농민들에게 풀어 먹일 수밖에 없었다.

사실 추석 놀이만이 아니라 정월 대보름이나 2월 머슴날 놀이, 백중놀이, 혹은 별다른 이름이 붙지 않은 다른 놀이들도 모두 마찬가지다. 일제강점기 조선의 식민통치자들은 두레와 같은 공동 노동 조직의 사회·경제적 의의를 인정하면서도, 두레판에서 음식을 먹이고 술을 마시며 두레 일꾼들의 사기와 기력을 돋우는 행위가 경제적 낭비라며 금지시킨 일이 있었다. 그런데 이는 식민통치자들의 의도와는 달리 일반 농민의 두레 참여 유인을 오히려 감소시킴으로써 공동 노동 자체를 쇠퇴시키는 결과를 초래했다.

이런 사례들에서 드러나듯, 놀이의 중요한 기본 성격 중 하나는 없는 사람들, 삶이 고단한 사람들이 놀이를 통해 그 고단함을 풀어 없애도록 있는 사람들이 베풀어주는 데에도 있었다. 이것 없이도 놀이는 있을 수 있지만, 단순한 놀이를 넘어 놀이로 엮인 이들이 다시 사회 공동체 안으로 통합되는 일은 성립하지 않으며, 그런 한 농사일도 제대로 진행되기 어렵다. 일하는 이들이 바로 그들이기 때문이다. 놀이는 일하는 이들의 사회적·노동과정적 불만을 해소하고 이들이 정상적인 노동 생산과 사회생활을 영위할 수 있도록 해주는 가장 큰 사회적 안전장치이기도 하다. 이것이 작동하는가 그렇지 않은가에 따라 사회는 불안해지기도 하고 안정되기도 한다. 놀이가 놀이로서 사회적 기능을 제대로 수행하려면, 대가

상환이나 요구 조건을 전제하지 않는 베풂 자체가 놀이를 위해 불
가피하고 불가결한 일이 되는 것이다.

3장

"한글소설이
세상을 현혹한다"

◉

조선시대의 소설 향유

정병설

"조선 사람들은 천성이 이야기를 좋아한다"

한국영화진흥위원회의 「2013년 한국영화산업 결산」 보고서에 의하면 한국인은 세계에서 영화관을 가장 자주 찾는 국민이다. 이 보고서는 영국의 문화콘텐츠산업 조사 기관인 '스크린다이제스트'의 보고서를 인용하고 있는데, 2012년 아이슬란드가 1인당 평균 4.9번으로 1등을 차지했고, 그다음이 4번의 싱가포르, 이어서 미국 3.9번, 오스트레일리아 3.7번, 프랑스 3.4번이다. 2013년 통계에 의하면 한국은 1인당 4.25번이어서 2위로 볼 수 있는데, 아이슬란드가 인구 30만이 겨우 넘는 작은 나라라는 점을 감안하면, 실질적으로는 한국이 세계 1위다. 다만 이 통계는 영화관 출입 횟수를 조사한 것이므로 텔레비전이나 비디오 플레이어, 그리고 동영상 파일 등으로 향유되는 영화 관람 편수와는 다를 수 있다. 시내를 나가면 늘 영화 촬영을 볼 수 있는 나라로, 영화에 대한 열광적인 애호로 유명한 인도가 순위에 들지 않은 것도 이 때문이라고 할 수 있다. 그러나 한국은 영화관 출입 횟수는 물론 실질

영화 「자유부인」 포스터, 감독 한형모, 1956, 청계천문화관.

적인 관람, 시청 횟수로도 세계에서 최고의 자리를 차지하지 않을까 한다. 그만큼 한국인의 삶 속에 영화는 깊숙이 들어와 있다.

영화만이 아니다. 텔레비전 드라마는 어떤가? 우리나라에서는 매일 주요 방송사가 아침부터 늦은 밤까지 몇 편의 새로 제작한 드라마를 방송한다. 최근에는 케이블 방송사까지 이 대열에 합류했다. 가히 '드라마 공화국'이라고 할 만큼 많은 드라마가 제작되고 있으며, 그만큼 많은 시청자가 있다.

그런데 이런 현상은 갑자기 생겨난 게 아니다. 영화는 일제강점기에 수입되자 곧바로 선풍적인 인기를 누렸으며, 1960년대에 텔

산업화 시기 금성사의 텔레비전 공장.

레비전 드라마가 처음 방송되자 바로 전 국민이 브라운관 앞으로 모여들었다. 드라마는 텔레비전의 전국적 보급을 앞당긴 가장 강력한 힘이었다. 장터의 천막극장에서, 전파사의 쇼윈도 앞에서, 그리고 마을 이장의 집에서, 영화와 텔레비전 드라마는 사람을 모으고 흥분시켰다.

영화와 텔레비전 드라마 등 대중 서사극의 성행 원류를 거슬러 올라가면 이야기와 소설을 만나게 된다. 조선에서는 극장이라는 게 온전히 있지 않았고 마당극인 탈춤도 전국적으로 늘 공연됐던 것이 아니니, 현대의 대중 서사극과 비슷한 장르는 이야기나 소설밖에 없었다. 한국이 '영화 드라마 공화국'인 것처럼 조선은 '이야기 소설 왕국'이었다. 19세기 초 조선에 와서 민중 깊숙이 들어가 천주교를 포교했던 프랑스 신부들의 기록을 토대로 편찬된 샤를 달레의 『한국천주교회사』(1874)에서는 "조선 사람들은 천성이 돌아다니기와 이야기하기를 좋아한다"고 단정지었다. 도대체 조선 사람들이 여행과 이야기를 얼마나 즐겼기에 프랑스 신부가 이런 말까지 했을까?

"한글로 번역된 것이 널리 세상을 현혹한다"

소설 역시 시작부터 인기였다. 오랜 옛날부터 전해온 신화나 설화도 인기를 누렸겠지만, 그 전통을 고스란히 이은 소설도 이들에 뒤지지 않았다. 소설사의 첫머리를 장식하는 김시습(1435~1493)의 『금오신화』야 한문으로 되어 있으니 아무리 재미있는 내용이라

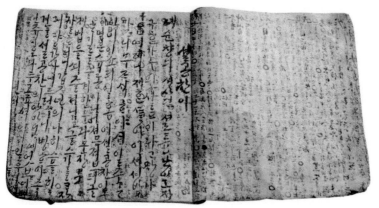

『묵재일기』의 안쪽 면에 기록된 『설공찬전』 첫면, 개인.

도 널리 읽히기 어려웠겠지만, 15세기 중반 한글이 창제·반포된 다음 곧이어 나온 한글소설은 사회 문제를 일으킬 만큼 높은 인기를 누렸다. 『설공찬전薛公瓚傳』이 그랬다.

1511년 충청도관찰사, 호조참판 등을 지낸 중종반정의 공신 채수蔡壽(1449~1515)가 『설공찬전』을 지었다는 이유로 사헌부에 의해 탄핵되었다. 반정공신으로 인천군仁川君이라는 칭호까지 받았던 최고위층 인사가 소설을 썼다는 이유로 필화를 입은 것이다. 대체 『설공찬전』이 어떤 것이기에 파직까지 해야 했던가? 불행히도 작품이 온전히 전해지지 않아 그 까닭을 정확히 밝힐 길은 없다. 그나마 근년에 작품 일부가 이문건(1494~1567)의 『묵재일기』 제3책(1545~1546년까지의 부분) 책장 뒷면에서 발견되었다. 그 줄거리의 일부는 다음과 같다.

전라도 순창에 살던 설충란은 자식으로 남매를 두었다. 그런데 딸은 결혼하자 바로 죽고, 아들 공찬 역시 장가도 들기 전에 병들어 죽었다. 이때 설공찬 누나의 영혼이 설충란의 동생 설충수의 집에 나타나 충수의 아들 공침에게 들어간다. 공침은 영혼이 몸에 들어오자 병들어 눕게 되고, 이에 충수가 무당을 불러 귀신을 쫓으려고 한다. 그러자 이번에는 공찬까지 가세해 사촌동생 공침의 몸을 들락거리며 공침을 괴롭힌다. 그 과정에서 공찬은 사촌동생 등에게 저승 이야기를 들려준다.

현전하는 작품은 여기서 끝이 난다. 『설공찬전』은 당시 시중에 떠도는 소문을 바탕으로 꾸며낸 소설로, 남아 있는 13쪽 3500여 글자에서 대신을 파직할 만한 이유를 찾기는 어렵다. 그렇다면 사헌부는 어떤 이유로 탄핵했을까? 『중종실록』에는 다음과 같은 이유가 적혀 있다. "채수가 『설공찬전』을 지었는데, 내용이 모두 화복禍福이 윤회한다는 이야기로 매우 요망합니다. 나라 곳곳에서 현혹되어 믿고는, 한문으로 베끼거나 한글로 번역 전파함으로써 민중을 미혹시킵니다."(1511년 9월 2일조) 탄핵 사유에 특별히 반체제적이거나 반정부적 내용이 거론되지 않은 것으로 보아 채수는 풍속사범이라 할 수 있다. '윤회' 운운한 데서 불교적 색채를 볼 수 있으며 '요망'한 이야기라고 했다.

이단을 배척하고 귀신을 멀리하는, 유학을 신봉하는 관료들이 채수를 탄핵한 이유가 전혀 이해되지 않는 바 아니다. 사헌부는 채수에 대해 "정도를 어지럽히고 백성을 선동 미혹케" 했다면서 교수형에 처하라고까지 요구했다. 교수형까지 거론된 것은 비단 내용만이 아니라 그 파급력을 고려한 것으로 볼 수밖에 없다. 당대에 이와 별반 다르지 않은 소설들이 있었음을 감안하면 그렇게 이해하지 않을 수 없는 것이다. '윤회'를 말한 '요망'한 이야기는 이미 영혼과의 만남을 그린 나말 여초의 전기傳奇 「최치원」 등에서 보았던 것이고, 영혼이 다른 사람의 몸에 들어가는 것은 고려 말의 불교계 전기 「왕랑반혼전王郎返魂傳」에서 익히 보았다. 뿐만 아니라 당시 『전등신화』 『태평광기』와 같은 중국 소설이 널리 읽혔고, 좀더 후대이지만 『전등신화』 『금오신화』는 국가 공식 출판 기관인 교서관에서 간행되기도 했다. 『설공찬전』과 다른 작품들의 중요한 차이는 『설공찬전』이 한글로 번역되어 널리 읽혔다는 점이다. '한글로 번역된 것이 널리 백성을 현혹한다'는 것이다. 채수의 필화사건은 만들어진 지 얼마 지나지 않은 한글이 지배 이념과 다른 방향의 작품을 쏟아내자 이에 위협을 느낀 지배층이 제동을 건 것이라고 할 수 있다. 훈민정음이 반포된 지 불과 50년 남짓한 시점에 한글로 쓰인 소설이 '세상 사람들을 현혹'시킬 정도가 되었던 것이다.

한글소설의 빠른 확산은 이로부터 20년 뒤의 기록에서도 확인된다. 낙서거사洛西居士가 1531년에 쓴 「오륜전전서五倫全傳序」에는 "내가 보니 시중의 무식한 사람들이 한글을 익혀 노인들이 서로 전하는 말을 베껴 밤낮으로 이야기한다"고 했다. '노인들이 전하는 이야기를 한글로 베낀 것'은 한글소설을 가리킨다. 한글소설은 16세기 말과 17세기 초의 임진왜란 및 병자호란이라는 대규모 전쟁 중에도 계속 확산되었는데, 특히 이 시기는 중국 장편소설이 본격적으로 수입·번역되면서 소설 양식이 다양화되는 특징을 보였다. 중국 장편소설의 수입과 향유는 『삼국지연의』에 관한 1569년 『선조실록』의 기사 등에서 확인되는데, 여기서 『초한연의楚漢演義』 등을 거명하면서 비슷한 부류의 작품이 한둘이 아니라고 했다. 중국소설이 수입, 번역, 향유되는 과정에서 한글소설은 장편소설이라는 새로운 지평을 열어갔다.

임병양란이라는 미증유의 대규모 전란을 치른 조선은 전쟁의 상처를 치료하면서 비약적인 경제성장을 이뤄냈다. 특히 17세기 중후반부터 서울은 본격적인 상업도시로 변모해갔는데, 경제적인 풍요는 소설 성행에 유리한 물적 환경을 조성했다. 이 무렵『구운몽』『창선감의록』『소현성록』등 창작 장편소설이 유통되기 시작했는데, 한글소설의 성장은 곧 종전에 사사로이 빌려 보며 개인적으로 팔고 사던 유통 방식의 한계를 드러냈다. 이에 따라 새로운 유통 방식이 요구됐는데, 그것은 상업적 소설의 대여와 출판으로 나타났다. 소설의 세책과 출판이 언제부터 이뤄졌는지 정확히 알 수 없지만, 남아 있는 기록들을 종합해보건대 대체로 18세기 초나 좀 더 엄밀히 말하면 1710~1720년대쯤 처음 서울에 등장한 것으로 보인다.

가만히 살펴보니, 근세에 여자들이 서로 다투어 능사로 삼는 것이 오직 패설(소설)을 숭상하는 일이다. 패설은 날로 달로 증가하여 그 종수가 이미 백 종 천 종이나 될 정도로 엄청나게 되었다. 패가(세책집)에서는 이를 깨끗이 필사하여, 빌려 보는 자가 있으면 그 값을 받아서 이익으로 삼는다. 부녀들은 식견이 없어 혹 비녀나 팔찌를 팔고, 혹은 동전을 빌어서 서로 다투어 빌려다가 긴 날을 소일하고자 하니, 음식이나 술을 어떻게 **만**드는지, 그리고 자신의 베 짜는 임무에 대해서도 모르게 되었다. 그런데 부인(동복 오씨)은 홀로 습속의 변화를 탐탁지 않게 여기고, 여공女工의 여가에 틈틈이 읽고 외운 것이라고는 오직 여성 교훈서였으니, 가히 규중의 모범이 된다고 할 것이다.

위 글은 채제공(1720~1799)의 「여사서서女四書序」 일부로, 1740년 무렵 서울에 세책집이 성행했음을 보여준다. 이덕무(1741~1793) 또한 『사소절』에서 "한글소설은 탐독해서는 안 되니, 집안일을 버려두고 여자가 해야 할 일을 게을리하게 한다. 심지어 돈을 주고 그것을 빌려 읽는데, 거기에 빠져서 가산을 기울인 사람도 있다"는 말까지 하고 있다. 이들 기록을 종합해보면 18세기 초 어느 시기에 세책이 등장했으며, 18세기 중후반에는 극성했음을 알 수 있다.

폭증한 소설 수요를 충족시키는 데 세책이 큰 역할을 했지만, 세책으로는 공급에 한계가 있었다. 한 자 한 자 손으로 베끼는 필사로는 넓은 시장에 대응할 수 없었고, 세책은 소설 독자가 밀집한 곳이 아니면 운영되기 어려웠다. 대출이라는 것이 권역의 제한을 받기 때문이다. 세책집이 서울 이외의 다른 어떤 지방에도 없었다는 19세기 말 외국인의 기록은 세책집의 운영 상황을 짐작케 한다. 지방에는 세책집을 뒷받침할 만한 밀집된 수요가 없었던 것이다.

하지만 세책집이 없는 곳에도 얼마간의 소설 독자가 있어 그 수요를 충족시켜줘야 했다. 또 세책집이 있는 지역이라 해도 인기 높은 작품의 경우 손으로 베껴서는 수요를 감당하지 못했다. 이런저

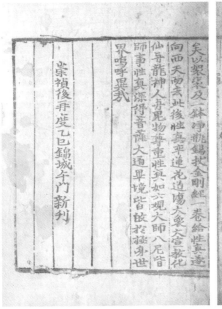

필자 소장의 을사본 『구운몽』, 1725년 나주 간행.

런 수요에 부응하여 나타난 것이 출판이다. 물론 소설 출판은 세책이 생기기 전부터 있었다. 16세기에 한문본으로 『삼국지연의』 『금오신화』 『전등신화』 『기재기이』 『오륜전전』 등이 출판되었고, 18세기 초에는 전라도 나주에서 한문본 『구운몽』이 간행되었다.

18세기부터 시작된 민간의 상업 출판인 방각본 소설의 출판은 후대로 갈수록 더 번성했는데, 출판지역은 전국적으로 딱 두 권역, 서울과 전주였다. 두 지역의 소설은 주로 해당 지역 독자를 주독자로 삼았겠지만 그렇다고 꼭 지역에 한정되었다고 보기는 어렵다. 두 지역에서 출판된 소설은 상당히 차별적인 작품 특징을 지니고 있는데, 서울에서 만든 소설은 줄거리 중심의 분량이 짧은 책

경판본 『구운몽』(영국국립도서관 소장)과 완판본 『별월봉기』(박순호 소장).

인 반면, 전주에서 만든 것은 상대적으로 표현이 풍부한 긴 소설
이다. 이런 작품상의 차이는 두 지역의 소설이 서로 다른 독자층
을 겨냥한 것이라고 볼 수 있다. 또 서울판(경판)과 전주판(완판)
소설이 다른 지역에서도 발견된다는 사실 외에, 전주판의 경우 사
투리가 그다지 심하지 않다는 데서도 소설 출판이 어느 정도는 지
역성을 극복했음을 짐작할 수 있다.

한 번에 열 줄을 읽어 버리고
하루에 수십 권의 소설을 빌려 보다

소설의 성행은 소설의 열렬한 팬들이 만들었다. 즉 열독자가 탄생한 것이다. 열독자는 위로는 임금부터 아래로는 양반가 및 여항의 유한 부녀들, 그리고 기생까지 있었다. 임금의 일언일행을 낱낱이 기록한 『승정원일기』에는 영조가 『구운몽』을 읽고 언급한 부분이 세 군데나 보인다. 영조 나이 58세, 68세, 70세 때의 일이다. 영조는 『구운몽』이 '아주 좋다' '글이 참 좋다'라고 평하면서 신하들에게 작가가 누구인지 물었다. 영조는 곧잘 소설이나 역사책을 신하들에게 읽으라고 하여 들었다. 그리고 부왕 영조에 의해 뒤주에 갇혀 죽은 사도세자도 죽기 며칠 전에 남긴 기록에서 적지 않은 소실을 읽었음을 보여준다.

궁궐의 남성들만 소설을 읽은 게 아니다. 비빈과 궁녀들은 훨씬 더 많이 읽었다. 이들 작품은 지금까지 전해지는데 흔히 '낙선재본 소설'이라 한다. 그런데 여기서 유의해야 할 것은 낙선재본 소설이라 불리는 한글 장편소설은 궁중문화라기보다는 양반문화의 산물이라는 점이다. 궁궐에서 성행하다가 밖으로 나간 것이 아니라 밖에서 유행하던 것이 궁궐로 들어왔다. 궁 밖에서 읽던 소설을 비빈이 되어 입궐해서도 계속 읽음으로써 그 수요에 부응해 궁중용 한글소설이 제작되기도 했다.

18세기 소설 열독자의 모습은 일반인의 상상을 초월한다. 당시 소설을 읽는 모습을 대표적으로 보여주는 말이 '열 줄을 한 번에 읽어 내린다'는 것이다. 황종림黃鍾林(1796~1875)이 돌아가신 양어

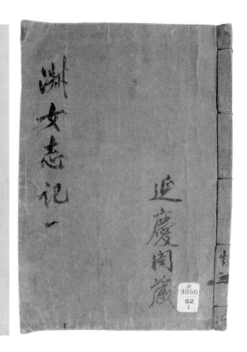

『숙녀지기』, 규장각한국학연구원.

『완월회맹연』, 한국학중앙연구원 장서각.

머니 여산 송씨(1759~1821)를 위해 쓴 「선부인어록先夫人語錄」에는 송부인이 소설을 읽을 때 '열 줄을 한 번에 읽어 내리고 하루에 수십 권을 보기도' 했다고 했다. 송부인이 이렇게 소설을 읽던 시기는 18세기 말이다. 열 줄이라면 보통의 세책집 소설로 한 면이다. 한 번에 한 면을 쭉 읽어 내린다는 말이다. 지렁이가 기어다니듯 흘려 쓴 알아보기 어려운 한글소설을 한 번에 한 면씩 척척 읽어 내려가는 모습이 경이로웠다는 말이다. 유만주兪晩柱(1755~1788) 또한 자신의 일기 『흠영』에서 비슷한 말을 하는데, "'열 줄을 한 번에 내리 읽는다+行俱下'라는 말의 뜻을 정확히 모르겠다. 하지만 부녀자들이 말하는 것을 들으니, 한글소설을 잘 읽는 사람은 십여 줄을 일시에 소리 내어 읽지는 못하더라도 눈으로 보고 이해하며 읽어 내려간다고 한다"고 했다. 한문 독서권에서 전해오는 '십행구하'라는 말의 의미를 당대 부녀자들의 한글소설 독서 태도를 통해 짐작할 수 있었다는 것이다. 한 번에 열 줄을 읽어 내리고 하루에 수십 권의 소설을 빌려 보다가 결국은 집안까지 망하게 하는, 그런 열독자가 18세기 초에 세책을 낳고 상업적 소설 출판을 낳았다. 유만주는 한글소설이 수만 권 또는 다섯 수레五車에 그치지 않는다고 말했는데, 한글소설의 성행을 단적으로 말하는 진술이다.

1910년 무렵 최남선이 서울의 한 세책집을 직접 조사한 적이 있는데, 그곳에 소장된 소설책이 총 120종, 3221책이라고 했다. 또한 지금까지 전해오는 소설의 목록을 정리한 조희웅의 『고전소설 이본목록』(집문당, 1999)에는 한문본을 포함해 800여 종의 소설이 기록되어 있다. 적지 않은 작품이 사라졌을 것을 감안하면 유

「부신독서도負薪讀書圖」, 유운홍, 19세기, 서울·대박물관. 한나라의 관리였던 주매신의 고사를 그린 것이다. 어려서 가난할 때 등에 나뭇짐을 진 채 책을 읽었는데, 이로써 관리로 출세했다.

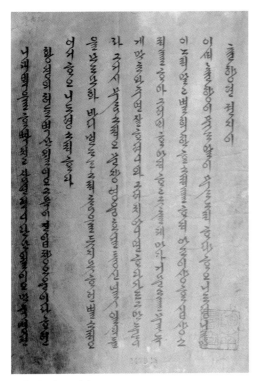

세책본 『춘향전』, 영남대도서관.

만주의 진술을 허풍으로만 돌릴 수는 없다.

문자를 모르는 문맹이라고 해서 소설 열풍에서 비껴서 있지 않았다. 『춘향전』『심청전』 등은 판소리로 들을 수 있었고, 하층 또는 남성에 의해 많이 읽혔던 『조웅전』『소대성전』『임경업전』 따위의 영웅소설은 시장 등 사람들이 많이 모이는 곳을 돌아다니던 이야기꾼의 입을 통해 들었다. 18세기 종로의 한 담배 가게에서 어떤 사람이 패사稗史 읽는 것을 듣다가 영웅이 극도로 실의에 빠진 대목에 이르러 갑자기 눈을 부릅뜨고 입에 거품을 물고는 담배 써는 칼로 이야기꾼을 찔러 죽인 사건이 있었다. 이때 이야기꾼이 읽었던 작품이 『임경업전』인데, 이야기꾼은 이야기가 클라이맥스에 이르면 멈추었다가, 청중이 돈을 던지며 뒷이야기를 재촉하면 다시 구연을 시작했다. 청중을 자극하고 흥분시킨 소설 구연은 20세기 초까지 계속되었으며, 이는 무성 영화의 변사로 이어졌다. 소설의 전국적인 성행이 근대로 접어들면서 영화의 인기와 연결되었던 것이다.

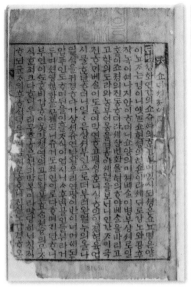

『소대성전』, 규장각한국학연구원.

남편이 공주를 때리고
아내 앞에서 종의 목을 베고······

    고전소설 중에 어떤 것은 영화에 가까운 반면 어떤 것은 텔레비전 드라마의 속성을 띠고 있다. 실제로 영화로 제작되는 고전소설은 『춘향전』 『변강쇠전』 『홍길동전』 『전우치전』과 같이 비교적 분량이 짧은 판소리계 소설이나 영웅소설이다. 그런데 서사물의 수요자 가운데는 영화처럼 빠르고 짧은 서사 진행을 부담스러워하거나 미흡하게 여기는 이들이 있다. 압축적인 전개보다는 일상의 풍부한 묘사에 갈증을 느끼는 것이다. 이런 사람에게는 다른 양식이 필요하니, 현대에는 텔레비전 드라마가 그런 역할을 하고 조선시대에는 장편소설이 그 역할을 맡았다.

텔레비전 드라마도 그렇지만 조선시대 장편소설도 작품마다 세세한 차이가 있다. 그러나 영화나 단편소설보다 느린 서사 전개를 보이며 여성 향유자의 비중이 높다는 점은 상통한다. 영화와 비견할 수 있는 단편소설은 일반에도 잘 알려져 있으니 여기서는 조선후기에 인기가 가장 높았던 『유씨삼대록』을 중심으로 장편소설에 대해 살펴보기로 한다.

『유씨삼대록』은 연암 박지원의 『열하일기』에 중국 통역관의 수레에 놓인 것으로 소개되기도 했고(1780), 『한중록』을 보면 혜경궁 홍씨가 어머니 상중에 여동생과 이 작품에 대해 이야기하며 슬퍼했다는 기록이 있다(1757). 그리고 유숙기(1696~1752)가 죽은 아내를 위해 지은 제문에도 아내가 생전에 자기가 들인 양자를 이 작품의 주요 인물에 빗대어 말했음을 적고 있기도 하다(1748년 이전). 소설 관련 정보가 매우 드문 조선의 기록 현실에서 특정 작품에 대해 이처럼 세 곳에나 기록된 점만으로도 이 작품의 인기를 짐작할 수 있다. 더욱이 당시 유행한 소설의 등장인물들을 재조직해 만든 소설인 『여와전』에서는 『유씨삼대록』의 중심인물인 진양공주를 여러 인물 가운데 정점에 위치시켰다. 이런 증거들로 볼 때 『유씨삼대록』은 18세기 장편소설 가운데 대표작이라 해도 과언이 아니다.

그렇다면 무엇이 『유씨삼대록』을 이런 최고 인기 반열에 올렸을까? 『유씨삼대록』은 당대의 다른 장편소설들과 비교했을 때 특이한 점이 적지 않다. 몇 개의 독립적 이야기가 병렬적으로 나열되어

영화 「춘향전」 포스터, 감독 홍성기, 1961, 청계천문화관.

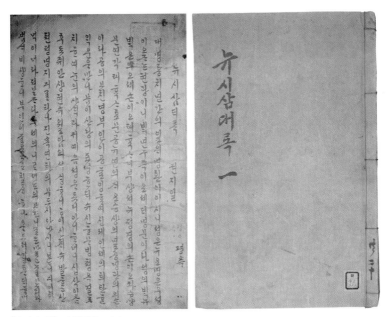

『유씨삼대록』, 국립중앙도서관.

있는 점, 각 이야기에 나오는 인물의 성격과 대립이 매우 거칠고 날카롭다는 점, 주요 인물의 죽음이 전반부터 나타난다는 점 등이다. 텔레비전 드라마로 말하자면 '김수현 드라마'를 보는 듯, 개성 넘치는 인물들의 강한 톤의 대립이 보인다.

『유씨삼대록』 전반부에는 유씨 가문의 중심인물이 후실을 사랑해 정실인 공주를 모해하는 이야기와 계시조모가 자기 조카를 위해 손자며느리를 구박하는 사건이 큰 이야기의 틀을 이루면서, 뒤이어 남편에게도 굽히지 않는 아내를 남편과 친정 형제들이 다스리는 이야기, 남장 여인을 집 안으로 들이는 이야기, 금슬이 좋지 않아 집을 떠난 아내가 도적을 만나 잡혀 있다가 도망쳐서 집으로 돌아오지만 이미 새로 들어온 아내가 구박하는 이야기 등이 있다.

후반부에는 전반부의 다음 세대 이야기가 이어지는데, 집안에서 인정받지 못한 아내가 온갖 문제를 일으키며 심지어 궁궐 내 귀비 등과 결탁해 자기 시가를 모해하고 역모에 연루되기까지 하는 이야기가 주를 이룬다. 아내를 구박하는 한편 몽골에 가서 몽골 공주를 데리고 오는 사위도 있고, 마지막 부분에는 자기가 종통을 이으려고 동생이 형을 모해하는 이야기가 덧붙여져 있다.

이들 여러 이야기는 한집안에서 일어난 일이지만 또한 상당히 독립적이다. 마치 「수사반장」과 같은 시리즈 형식의 드라마에 근접해 있다. 또 등장인물들의 행동이 매우 극단적인데, 황제의 동생인 공주를 남편이 때리기도 하고, 아내 앞에서 일부러 기생을 희롱하는 남편도 있으며, 아내 앞에서 종의 목을 벤 남편도 나온다. 부모가 자식을 징계하기 위해 때리고 가두는 일은 별일 아닌 듯 그려지는데, 작품으로만 보면 유씨 집안은 세상 어느 곳에서도 보기 힘든 희한하고 극단적인 일이 벌어지는 곳이다.

작품에 나타난 사건과 인물을 보면 마치 오늘날 '막장 드라마'라고 불리는 것과 꽤나 비슷한 부분이 적지 않은 듯하다. 그러나 그런 텔레비전 드라마와 마찬가지로 『유씨삼대록』 역시 열린 구조와 중층적·다층적 구성을 하고 있으며, 보편적 가치관을 옹호하고 강화한다는 공통점이 있다. 텔레비전 드라마와 비교해서 말하자면, 『유씨삼대록』은 일일 연속극과 비슷하면서 보통의 일일 연속극보다는 좀더 유별난 인물들을 등장시켜 극적인 대립을 유지시킨 작품이라고 할 수 있다. 예나 지금이나 사건이나 인물의 극적인 대립이 대중의 관심을 끄는 듯하다.

읽으면서 즐기고, 지으면서도 즐기고

현대에는 생산과 소비가 엄격히 나눠지지만 전근대 사회에서는 그렇지 않았다. 농부들은 자기가 생산한 것을 먹고 남는 것을 교환했다. 또 어지간한 생필품은 스스로 구하거나 만들었다. 이야기도 마찬가지다. 전근대에는 이야기의 소비자들이 곧 이야기 생산자였으니, 소설 독자가 작가가 되는 것도 어렵지 않았다. 지금도 소설가가 되는 것이 어렵지 않았다고 할 수도 있지만 과거처럼 간단하지는 않다. 소설을 쓰자면 왠지 막막해지고 거리감이 느껴진다. 조선시대에는 어떻게 소설을 지었을까? 이유원의 『임하필기』 「고담古談」에 실린 장편소설 창작의 한 장면을 보자.

> 원교員嶠 이광사李匡師(1705~1777)의 자식 남매가 한글소설 『소씨명행록蘇氏名行錄』을 지었는데, 집안에 일이 있어 짓다 만 것을 한쪽 구석에 버려두었다. 원교가 꿈에 한 여자를 만났는데, 자칭 소씨라고 하며 꾸짖기를 "왜 사람을 위태로운 곳에 빠트려놓고 풀어주지 않는가?" 했다. 원교가 크게 놀랐고 이에 후편을 지었는데, 형제와 숙질이 함께 앉아 도왔다. 제삿날인데 밤이 깊은 줄도 몰라 제사가 늦어졌다.

유명한 문인 학자이자 서예가인 이광사 집안의 자식들이 소설을 지으면서 여가를 보냈음을 말한 위의 글은 조선시대 소설 창작의 분위기를 짐작게 해준다. 조선 사람들은 소설을 읽으면서도 즐겼지만 지으면서도 즐겼던 것이다. 읽거나 짓거나 간에 소설은 조선 사람들의 즐거운 놀이터였다.

4장

예를 내세운 희롱,
굴욕으로 얼룩진 놀이

◉

벼슬아치들의 면신례

박현순

면신례, 의례인가 놀이인가?

조선시대에는 관직에 새로 들어온 사람들을 '신래新來' 혹은 '신참新參'이라 불렀다. 면신례免新禮는 글자 그대로 '신래를 면하는 의식'이란 뜻으로 관서의 일원으로 인정받는 가입 의례였다. 허참례許參禮, 벌례罰禮 등의 이름으로도 불렸다. 좁게는 최종적으로 면신을 허락받는 의식을 일컫지만 넓게는 그 관서에 첫발을 디딘 시점부터 정식으로 근무를 인정받는 허참許參까지의 전 과정을 가리키기도 한다.

의례라고 하면 흔히 의관을 정제하고 엄숙한 분위기 속에서 진행될 것만 같다. 그러나 면신례는 시종일관 희롱과 장난, 해학과 익살이 이어지는 놀이판이었다. 그리하여 신래를 희롱하는 놀이라는 뜻에서 신래희新來戲, 신귀희神鬼戲라고도 했다.

장난으로 일관된 놀이를 '예禮'로 표현한 것은 본래는 좀더 법도를 갖춘 의식에서 출발했기 때문일 듯도 하다. 그러나 1405년 (태종 5) 사헌부에서 신입 감찰에게 행하던 온갖 희학戲謔을 일체

「신은신래 짓는 모양」, 김준근, 무명에 채색, 28.5×35.0cm, 조선 말기, 함부르크 민족학박물관.

금단하여 묵은 폐단을 고치자고 청한 것을 보면 조선 초기의 면신 례도 이미 희롱으로 점철되어 있었다는 것을 알 수 있다. 면신례 를 '예'로 칭한 것 자체가 해학인 셈이다.

'동상례東床禮'라고 부르는 풍습이 있다. 친척들이 모여서 갓 혼 인한 사위를 가족으로 맞아들이며 베푸는 잔치다. 이 잔치에서 흥이 절정에 이르는 부분은 곤욕스러운 방법으로 새신랑를 희롱 하는 '신랑다루기'다. 그 가운데 하나가 신랑을 들보에 매달고 이 런저런 억지스런 핑계를 대며 신랑의 발바닥을 때리는 것이다. 이 '신랑다루기'를 동상례라고도 한다. 본래의 의미를 따지자면 동상 례는 새신랑을 맞는 의례였으나 어느 때부터인가 그 의미가 신랑 다루기로 축소되었다. 그리고 이제는 때리는 이유도 잊히고 말았 다. 그냥 곤혹스러워하는 신랑 신부를 보고 즐거워하며 박장대소 하는 것이 주요 의식이 된 것이다.

면신례도 동상례와 유사하다. 면신례는 흔히 고려 말 어린 나 이에 급제한 권문자제들의 교만함을 꺾으려 한 데서 생겨났다고 한다. 당초에는 신입들에게 조직의 법도를 가르친다는 명분을 내 세웠던 것이다. 그러다가 어느 틈엔가 유흥과 오락이 중심을 차 지하게 되었다.

결혼식을 하고 피로연을 열듯 의례와 놀이는 당초부터 불가분 의 관계였다. 의례의 본래 의도를 잃은 채 과도하게 놀이에 치중하 는 일도 흔했다. 조선시대의 면신례는 놀이를 수반하는 의례이자 의례를 채우는 놀이이기도 했다.

선망의 자리에 오를 사람들만 경험하는 영광의 의례

관료사회의 면신례는 조직사회의 특성을 반영하듯 좀더 체계화되어 있었다. 선배들에게 명함을 돌리는 회자回刺에서 시작해 동료가 된 것을 기념하는 계회도契會圖나 계회첩契會帖을 만드는 것으로 끝난다. 그 의도나 절차만 놓고 보면 면신례는 분명 의례인 셈이다.

당초 면신례가 모든 관서에서 시행된 것은 아니다. 조선 초기에는 사관四館, 훈련원訓鍊院, 선전관宣傳官, 내금위內禁衛, 사헌부 감찰 등에서 특히 면신례가 심했다고 한다. 이 가운데 승문원, 성균관, 교서관, 예문관 등 사관은 문과에 급제한 신진 문관들이 관료생활을 시작하는 관서이다. 훈련원과 선전관청은 무과에 급제한 신진 무관들이 배치되는 관서였으며, 내금위는 국왕을 호위하는 곳이었다. 사헌부의 종6품 벼슬인 감찰은 음관蔭官들이 제수되는 자리였으나 각 관서의 회계 감사나 지방의 비리 조사, 과거시험 등 각종 의식의 감독을 담당하는 직임으로 음관들의 청요직이라 불렸다. 조선 초기의 면신례는 주로 문무과에 급제한 신입 관료나 감찰, 내금위와 같은 청요직 진입자들을 대상으로 시행되었던 것이다.

그중에서도 특히 예문관과 선전관은 면신례가 혹독하기로 유명했다. 두 관서의 신참들은 국왕을 최측근에서 모시는 시종신으로 각기 문무과 급제자 중에서도 한림천翰林薦, 선천宣薦을 거쳐 선발되었다. 예문관과 선전관의 면신례가 그처럼 모질었던 데에는 최고의 신진 엘리트가 모인 관서라는 자존의식이 반영되었던

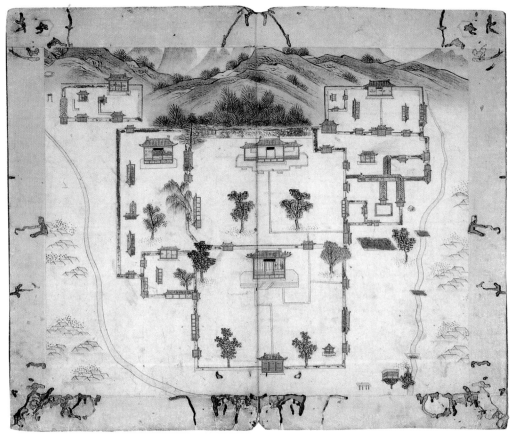

「성균관도」, 『태학계첩』, 44.9×27.3cm, 1747, 서울역사박물관. 성균관도 조선 초기 면신례가 심했던 곳 중 하나다.

것이다.

　예문관의 한림과 사헌부 감찰들에게는 면신례가 끝날 즈음 합창하는 관서의 노래도 있었다. 한림별곡翰林別曲과 상대별곡霜臺別曲이 그것이다. 한림별곡은 고려 고종 때 한림원 학사들이 지은 노래이며, 상대별곡은 조선 초 권근이 지은 노래로 상대霜臺는 사헌부의 별칭이었다. 두 노래는 경기체가로 해당 관원의 자부심을 고취시키는 가사를 담고 있다. 신입생 환영회가 끝나고 쭉 둘러서서 어깨동무를 하고 교가를 제창하는 모습과 별반 다르지 않다. 한

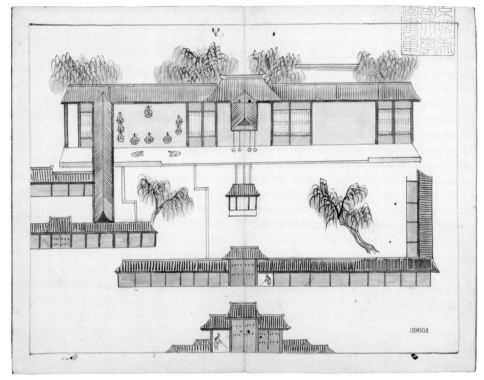

『금오계첩』, 규장각한국학연구원. 의금부 관원들의 계회 장면과 참석자들의 시문을 모은 첩이다.

림과 감찰들은 새벽녘에 술에 취해 이 노래를 합창하며 다시 한번 동류의식을 다졌을 것이다.

당초 엘리트 관서에서 비롯된 면신례는 얼마 지나지 않아 관료가 아닌 서리나 군영, 내시 별감, 생원·진사들에게까지 널리 퍼졌다. 1541년(중종 36) 신래의 침학을 금단하는 규정을 보면 사관과 사헌부 감찰, 의금부 낭청, 훈련원, 선전관, 부장, 내금위 등 문무의 청요직을 비롯해 제 군사軍士와 공장工匠, 이전吏典, 복례僕隸, 삼의사三醫司, 내시 별감, 생원·진사 등 다양한 층위에서 면신례가 시행된 것이 확인된다.

반면 의정부나 승정원, 홍문관 같은 곳에서 면신례를 행했다는 기록은 보이지 않는다. 게다가 전체 관원이 행한 것도 아닌데, 가령 승문원에는 정승인 도제조 이하 여러 관원이 있었지만 면신례에는 정7품 박사博士 이하의 참하관만 참여했다. 사헌부에도 대사헌 이하 집의, 장령, 지평 등의 벼슬아치가 있었지만 면신례는 감찰들의 놀이였다. 의금부 면신례도 도사都事들의 놀이였다.

사관과 사헌부 감찰, 의금부 낭청의 면신례는 그 성격도 약간 달랐다. 사관의 면신례에는 두 종류가 있었다. 하나는 과거 합격자를 발표한 뒤 사관이 돌아가며 신진 급제자들을 불러 치르는 면신례다. 다른 하나는 신진 급제자들이 사관에 배속된 뒤 관서별로 면신례를 시행하는 것이다. 사관의 면신례는 새로 문과에 급제해 관직생활을 시작하는 문신들을 환영한다는 의미가 강했다.

반면 사헌부 감찰과 의금부 도사는 음관蔭官들이 참상관인 6품으로 승진하여 제수받는 자리였다. 따지자면 감찰과 도사의 면신례는 음직자의 6품직 진출을 축하한다는 의미가 강했다. 아울러 감찰이나 도사는 본래 종6품의 벼슬로 모두의 직급이 동일했기 때문에 내부에 위계를 세우려는 의도도 강했다.

어찌되었든 면신례는 이전과는 다른 새로운 반열에 오른 사람, 즉 문·무·음 각각의 영역에서 선망의 자리에 오른 사람들이 거쳐야 하는 가입 의례였다.

조선 전기의 면신례는 온갖 잡희雜戲를 동원해 신래들을 괴롭히고 술과 음식을 내게 하는 방식으로 묘사되어 있다. 이러한 행위는 '신래를 침학하는 것'으로 일컬어졌는데, 『경국대전』에는 '신래를 침학하는 자는 장 60에 처한다'는 금단과 처벌의 규정이 있다.

면신례는 크게 네 가지 방식으로 진행되었다. 하나는 회자回刺로, 신참들이 선배를 방문해 명함을 바치고 인사하는 것이다. 둘째는 신래들이 술과 음식을 장만하고 연회를 베풀어 선배들을 접대하는 일이다. 셋째는 선배들이 신래들에게 온갖 잡희를 시키며 희롱하는 일이다. 마지막은 면신례를 기념하는 기념축이나 기념첩을 만들어 선배들에게 선사하는 것이다.

회자는 그 자체로는 정중한 관행이었다. 1541년(중종 36) 신래 침학을 금단한 절목에서도 다른 것은 다 금했지만 회자는 오히려 의무 사항으로 인정했다. 선배들에게 먼저 예를 갖추어 인사한 뒤 공사를 집행하도록 한다는 것이었다.

신래들은 근무가 끝난 저녁부터 서울 시내 곳곳에 흩어져 있는 선배들의 집을 방문해 명함을 들였다. 선배들은 이른바 '선생'이라고 했는데, 같이 동방同榜으로 합격했더라도 먼저 면신례를 행하면 선생이 되었다. 신래들은 선배 전원이 근무를 허락할 때까지 매일 회자를 했다. 선배들은 명함을 받고도 바로 만나주지 않았다. 신참들을 골리는 것이 면신례의 목적이었기 때문이다. 심하면 회자를 마치는 데 50여 일이 걸리기도 했다. 신래들의 사정을 아는 종들이 중간에서 농간을 부려 아예 명함을 전해주지 않는 일도 있었다. 애가 탄 신래들은 종들에게 뇌물을 주며 주인을 만나게 해달라고 청탁하기도 했다.

선배들에게 돌리는 명함의 질도 문제가 되었다. 명함에 쓰는 종이는 두껍고 큰 것으로 장만해야 했기에 비용 부담이 컸다. 성종대의 기록에 따르면 무명 한 필로 겨우 명함 3장을 만들 수 있었다고 한다. 무명 한 필의 값이 대개 쌀 5~6말에 해당되었으니 명함의 비용 또한 상당했다는 것을 알 수 있다.

선배들을 접대하는 것은 면신례를 행하는 당일로 한정되기도 했지만 여러 기록에 따르면 관직에 제수된 이후부터 줄곧 신래들에게 술과 음식을 가져오게 했다. 이를 '징구徵求'라 했다.

『성종실록』에 따르면 승문원에서는 여러 차례에 걸쳐 술과 음식을 장만하게 했다. 처음에는 술 세 병, 생선 세 마리, 육류 세 마리, 과일 세 그릇, 나물 세 그릇 등 모든 음식을 셋씩 준비하게 했다. 이런 연회가 다섯 차례 있었다. 다음에는 술 다섯 병, 생선 다섯 마리 등과 같이 다섯씩 준비하는 연회가 세 차례 마련되었고, 그다음에 일곱씩, 아홉씩 준비하는 연회가 열렸다. 마지막에는 다시 허참연許參宴과 면신연免身宴을 열었다. 한 차례 준비하는 데 들어가는 비용이 잔치 비용에 맞먹을 정도였기 때문에 신래에게는 경제적으로 큰 부담이었다. 따라서 빚을 지는 일도 허다했다. 이런 사정은 비단 승문원에만 국한되지 않았다.

어떤 관서에서는 희화화된 문서를 만들기도 했다. 이 역시 장난으로 가득하다. 18세기 정양鄭暘이라는 인물에게 만들어준 면신첩은 그 첫머리가 '신귀新鬼 신臣 양정暘鄭'으로 시작된다. 정양의 이름을 거꾸로 쓴 것이다. 그리고 마지막은 고풍古風을 폐할 수 없으

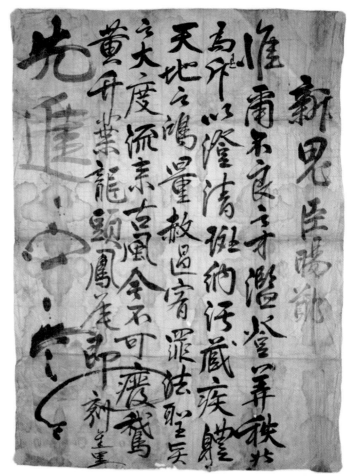

「면신첩」, 토지박물관. 정양이라는 인물이 면신례를 치를 때 받은 첩문帖文이다. 정양을 신귀新鬼라고 부르며 술과 안주 등을 대접하라고 했다.

니 아황鵝黃, 승엽升葉, 용두龍頭, 봉미鳳尾를 즉시 바치라는 말로 맺는다. 면신의 대가로 술, 담배와 안주를 갖춰 주연을 마련하라는 이야기다.

면신례를 치르는 동안 신래들에 대한 희롱도 계속되었다. 조선 전기의 학자 성현의 『용재총화』에는 예수禮數, 순함順銜, 역함逆銜, 희색喜色, 패색悖色, 삼천삼백三千三百 등이 소개되어 있다. 예수는 사모를 거꾸로 쓰고 뒷짐 진 채 고개를 숙이고 선생 앞에 나아가서 두 손으로 사모를 들어올렸다 내렸다 하는 것이다. 사모가 잘 벗겨지도록 해서 신래를 골탕 먹이려는 의도다. 순명과 역명은 직명을 위아래, 아래위로 외우도록 하는 것이며, 희색이나 패색은 표정 짓기, 삼천삼백은 흉내 내기다. 대부분 신래를 놀리는 데 초점이 맞춰져 있다.

좀더 심할 때는 신체적인 가혹 행위가 따르기도 했다. 그중 비교적 간단한 것을 들자면 '당향분唐鄕粉'이라는 게 있는데, 시궁창에서 나온 오물을 얼굴에 바르고 춤추거나 음담패설을 늘어놓게 했다. 또 겨울철에 물속에 집어넣는다거나 무더위에 햇볕을 쪼이게 하는 일이 있었으며, 관과 옷을 찢은 채 물속에서 뒹굴게 하기도 했다. 또 신랑다루기를 할 때처럼 거꾸로 매달아 발바닥을 때리는 일도 있었다. 이 밖에 옷을 벗고 땅바닥에서 기어다니게 하는 복지伏地도 행해졌다.

면신례가 끝나면 연회 장면을 담은 축軸을 만들어 나누어 가졌다. 상단에는 연회 장면을 묘사한 그림을 담고, 그 아래에는 선진先進과 신래의 명단을 함께 기록했다. 그러나 화가에게 부탁해 천연색으로 그림을 그리고 비단으로 장정해야 했던 만큼 비용이 만만치 않아 축을 만드는 관습은 점차 사라졌다. 대신 조선 후기에는 간단한 흑백 그림을 싣고 명단을 수록한 책자 형태의 첩帖을 제작했다. 이렇게 작성된 계축契軸이나 계첩契帖은 관료생활을 함께한 동료들이 나눠 갖는 기념품이었다. 이 축을 만들어 나눠주는 것도 신진의 몫이었다.

축을 나눠주는 일까지 다 하면 비로소 면신 과정을 마치고 정식

『선전관청선생안宣傳官廳先生案』, 규장각한국학연구원. 선전관청에 근무한 사람들의 명단이다. 선생안에 이름을 올리지 못하면 선배로 인정받을 수 없었다.

관원이 되어 각 관서에 비치된 선생안先生案에 이름을 올렸다. 선생안이란 선생, 곧 그 관서에 소속되었던 역임자들의 명단이다. 면신례를 거치지 않으면 여기에 이름을 올릴 수 없었고, 그럴 경우 실제로 근무했다 하더라도 선배로서 인정받지 못했다. 이 명단에 이름을 올림으로써 신래는 이제 선배가 되어 뒤이어 들어오는 후배들의 면신례를 받았다. 선배들의 짓궂은 장난에 곤욕스러워하던 신래가 이제는 입장이 바뀌어 신래들이 곤욕을 겪는 광경을 보고 박장대소하며 즐기는 선배가 되는 것이었다.

면신례는 상하의 질서를 중시하는 관료사회에서 선배와 후배 사이에 위계를 분명히 한다는 의도를 지닌 터라 그 필요성을 인정받았다. 때로는 국왕이 나서서 면신례를 즐기기도 했다. 그러나 현실에서의 면신례는 관료사회의 예모를 무너뜨리고 신래들에게 엄청난 경제적 부담을 주는 악습으로 인식되었다. 그리하여 개국 이래 면신례를 규제하려는 시도가 끊이지 않았다. 『경국대전』뿐 아니라 중종대와 선조, 현종대의 금령 반포로 조선 후기에는 면신례가 꽤 줄어들었다고 한다. 하지만 그 속에서도 관서별 면신례는 면면히 이어져왔다.

전통이 남아 있는 승문원의 면신례

면신례의 절차는 시기나 관서에 따라 상당한 차이를 보였다. 특히 조선 후기에는 그 절차가 상당히 간소화된 듯하다. 그러나 신진 엘리트들이 배치되는 관서에서는 면신례의 유풍이 강고하게 남아 있었는데, 대표적인 곳이 승문원이었다.

승문원은 성균관, 교서관과 함께 흔히 삼관三館으로 일컬어진다. 처음 문과에 급제한 신진 관료들은 삼관에 배속되어 수습직인 권지權知로서 관료생활을 시작한다. 그런데 승문원은 외교 문서를 담당하는 업무의 중요성 때문에 자신들이 원하는 인재를 먼저 고를 수 있는 우선권을 지녔다. 그리하여 박사博士 이하의 젊은 참하 관원들이 권점圈點이라는 일종의 투표를 통해 분관자를 선택했다. 그런 까닭에 승문원 분관은 신진 급제자가 엘리트 관료로 인정받는 첫째 관문이 되었다. 나아가 급제자가 늘어날수록 승문원 분관은 더욱 중시되었다. 승문원에서 면신례가 강고하게 남아 있었던 이유다.

그렇다면 승문원의 면신례는 어떤 방식으로 이뤄졌을까? 1710년

(숙종 36) 증광문과에 급제하여 이듬해 승문원에 배속된 권상일 權相一(1679~1759)을 통해 그 모습을 살펴보자.

1711년(숙종 37) 4월 20일 권상일의 출근 첫날 하리下吏가 『괴원 고례槐院古禮』라는 책을 한 권 가져다주었다. 괴원槐院은 승문원을 가리키는 다른 이름으로 청사의 뜰에 회화나무를 심은 데서 비롯되었다고 한다.

책 첫머리에는 어세겸魚世謙이 지었다는 김자정金自貞에 대한 찬贊이 실렸고, 그 아래에 수십 가지 규칙이 쓰여 있었다. 승문원에서는 허참례를 행할 때 어세겸의 찬을 외우는 것이 규칙이었다. 이 책은 승문원 면신례의 고례를 적은 책인 셈이다.

어세겸이 지은 김자정에 대한 찬은 어숙권魚叔權의 『패관잡기稗官雜記』에 그 전문이 실려 있다. 내용은 저작 김자정이 평양의 기생을 그리워하여 사신 행차에 점마點馬로 따라가려고 삼복더위에 몸도 돌보지 않고 글 쓰는 일을 위로하는 것이다. 이 찬의 핵심은 김자정이 구슬땀을 흘리면서 문서들을 정교하게 옮겨 적는 광경에 있다. 승문원은 외교 문서를 작성하는 곳으로 하급 참하관들에게 그 일이 주어졌다. 평양의 기생을 내세워 희롱하는 듯하지만 승문원 참하관의 일을 해학적으로 묘사한 절창絶唱인 것이다. 어세겸의 찬이 두고두고 승문원의 면신례에 활용된 것도 이 때문이다.

승문원의 신래들이 피할 수 없는 일 중 하나가 해학적인 글을 짓는 것이었다. 광해군 때 승문원에 분속된 김영金坽(1577~1641)은 출근 첫날부터 선배들이 시도 때도 없이 던져주는 제목에 맞춰 글을 지어야 했다. 그런데 그 제목이라는 게 모두 농투성이었다. 희롱성의 글짓기는 그가 면신례를 마칠 때까지 계속되었다. 글을 다루는 승문원에서는 글을 이용한 장난이 면신례의 한 형식으로 자리잡고 있었다. 어세겸이 김자정에 대해 찬을 지은 것도 신래 때 였다.

　권상일은 출근 첫날 밤에는 선배들의 집을 일일이 방문하여 명함을 들이고 인사하는 회자에 나섰다. 회자는 대회자와 소회자로 나뉘는데, 첫날과 마지막 날 정해진 모든 선배의 집을 방문하는 것을 대회자, 그 사이에 현직에 있는 선배의 집만 방문하는 것을 소회자라고 했다. 권상일이 방문해야 할 곳은 모두 열아홉 집으로, 대회자를 한 첫날에는 여기저기 흩어져 있는 선배들의 집을 찾아 황혼부터 이튿날 아침까지 서울 곳곳을 누비고 다녀야 했다.

　권상일은 회자를 '귀역鬼役' '귀행鬼行'이라는 말로 표현했다. 회자를 할 때는 귀신 복장, 곧 부서진 갓에 해진 옷을 입고 밤에 돌아다녀야 했기 때문이다. 신래들은 정식 동료로 인정받지 못한 채있어도 없는 듯한 존재였기에 귀신, 곧 신귀라고도 일컬어졌다.

　권상일의 회자는 7일 동안 계속되었다. 소회자를 돌려야 하는 곳도 열네 집이나 되었다. 다행히 개중에는 신래들을 동정하거나 면신례를 폐습으로 여겨 면해주는 곳도 있었다. 반면 스스로 즐기며 장난 가득한 시詩를 적어 명함을 되돌려주는 이도 있었다. 권상일은 이 시에 역시 장난 가득한 시를 지어 화답했다. 모든 선생에게 허락을 받은 뒤 권상일은 다시 한번 대회자를 돌리고는 회자를 마무리 지었다.

　회자를 끝낸 후인 4월 27일 승문원에서 허참례를 행했다. 선생다섯 사람이 와서 온갖 침학을 한 뒤 장난스러운 제목의 글을 짓게 하고, 마지막으로 김자정에 대한 찬을 외웠다. 이어 귀복을 벗

槐院新參同會錄

揀擇丙申二月十二日
許參同月十九日
許參時先生　作散不參坐只納大剌
前副正字金澧
燕著作　姜繪
副正字　朴長潤

槐院稧帖

座目

權斗紘　少章　庚寅司馬　癸巳增廣　安東人
洪重相　季蟾　辛未司馬　癸巳增廣　豐山人
沈墥　子厚　癸丑　甲午增廣　青松人
尹碩敎　汝頌　癸丑　辛卯武年　坡平人
金廷潤　君重　庚寅司馬　甲午增廣　原城人
金弘錫　瓏甫　丙辰　壬午司馬　甲午增廣　光山人
柳聖洪　士範　丁巳　癸巳增廣　文化人

『괴원신참동회록槐院新參同會錄』, 규장각한국학연구원. 1776년(영조 52) 승문원에서 면신례를 거친 관원들의 명단을 적은 책이다.

고 관복으로 갈아입은 뒤 몰두례沒頭禮라는 의식을 행하자 의례가 끝났다. 뒤이어 간단한 술자리가 열렸다.

권상일은 면신례를 치르는 동안 고달프기 그지없었고, 왜 이런 짓을 계속해야 하는지 회의도 들었다. 그가 일일이 기록하진 않았지만 전례에 비춰보면 온갖 희롱을 당했음에 틀림없다. 김영의 사례를 보면 출근 첫날부터 허참례를 행할 때까지 글짓기를 비롯해 진퇴進退, 종종걸음 치기, 뛰어오르기, 바닥에서 몸을 뒤집으며 구르기, 몸을 구부려 대청 아래를 기어 들어갔다 나오기, 기와 위에서 책상다리 하기, 몸을 구부린 국궁鞠躬 자세로 서 있기 등 온갖 곤욕을 치렀다. 또 면신례 비용은 신래가 부담하는 것이 관례였기에 주찬酒饌을 마련하느라 많은 비용이 들었다.

권상일은 계회첩도 만들었다. 그러나 그가 면신례를 치렀을 당시 승문원에서는 지방의 찰방으로 나가 비교적 경제적 수입이 많았던 선배들이 그 비용을 부담했다. 반면 의금부 낭청들은 여전히 그 값을 지불했는데, 『금오헌록金吾憲錄』에는 신입이 지불해야 할 비용 중 계첩가契帖價 3냥이 포함되어 있다.

조선왕조실록이나 여러 문집에 전하는 기록을 보면 권상일은 비교적 수월하게 면신례를 치른 셈이다. 그 스스로도 승문원의 면신이 매우 고달프고 비용도 많이 드는데, 그나마 10여 년 전에 여러 제조提調가 의논하여 줄인 것이라고 적어두었다. 이날 밤 권상일은 승문원에 머물며 숙직을 했다. 본래 관원들은 돌아가면서 숙직하는데, 신래들은 초도初度 또는 주도做度라는 이름으로 관서에 들어온 첫날부터 정해진 날만큼 숙직을 해야 했다. 승문원의 초도는 20일로 정해져 있었다. 연이어 숙직하는 것은 괴로운 일이지만 어쨌든 초도는 관료로서의 임무로 신임 관료가 치르는 첫 번째 공식 업무였다.

돈으로 대신하는 의금부 낭청의 면신례

조선 후기 승문원과 다른 면신례의 양상을 보여주는 곳으로는 의금부가 있다. 의금부는 왕명을 받아 집행하는 사법 기관으로, 관원으로는 판사判事 1명, 지사知事 1명, 동지사同知事 2명 등 4명의 당상관과 종6품 참상도사參上都事 5명, 종8품의 참하도사參下都事 5명이 있었다. 그러나 당상관은 다른 관서에 소속된 관원들이 겸직하는 자리로 일상적인 업무는 10명의 도사를 중심으로 운영되었다. 따라서 도사들은 자신민의 고유한 내규內規를 갖고 있었다.

의금부 도사가 허참에 이르는 기간은 승문원에 비해 훨씬 더 길었다. 참상도사는 숙배 후 45일이 지나면 출관례出官禮, 또다시 45일이 지나면 면신례를 행했다. 참하도사는 그 기간이 두 배로 늘어나 출사 후 세 달이 지나 출관례를 행하고, 또 세 달이 지나면 면신례를 행했다. 참상도사는 세 달, 참하도사는 여섯 달이 지나야 면신을 할 수 있었던 것이다. 그 사이 출관 전에는 '신위新位'라는 호칭을 썼고 출관 후에는 그 선후에 따라 '일신一新' '이신二新' 등으로 불렀다.

의금부 도사들은 승문원과 달리 사이사이에 더 자주 주연酒宴을 제공해야 했다. 이것을 벌례罰禮(罰例)라 했다. 말은 벌이지만 잘잘못을 따진 후에 내리는 것이 아니라 그저 신입이라는 이유로 감당해야 하는 벌이자 예였다.

처음 출사해 출관례를 행하기 전까지 '의금부에 들어와 규칙을 암송하지 못한다'는 명목과 '편하게 본부에서 당직하면서 선임들을 거만하게 바라본다'는 명목으로 두 차례에 걸쳐 대대벌大大罰을 바쳐야 했다. 출관례와 면신례 사이에는 '본부의 기풍과 규례를 갈수록 더 모른다'는 명목과 '면신이 멀지 않았다'는 명목으로 두 차례 중벌례中罰禮를 행해야 했다. 출관례와 면신례를 행할 때도 대대벌로 벌례를 행했다.

신입 도사들은 면신례를 행한 뒤에도 다시 계첩을 작성해 선임자들에게 돌린 후에야 비로소 정식 동료로 인정받았다. 이때에야 도사들이 사건을 심리할 때 사용하는 업무실인 장방長房에 들어가고, 선생안에도 이름을 올리게 됐던 것이다.

그런데 의금부 낭청의 면신례에서 한 가지 주목할 만한 점이 있다. 개인적으로 주과酒果를 마련할 때는 여러 어려움이 따랐던 탓에 의금부에 속한 나장에게 비용을 지급하고 대신 상을 차리도록 했던 점이다. 뒤에는 아예 돈을 대문大門에 걸어두게 했다.

관서마다 차이가 있겠지만 조선 후기에는 직접 주찬을 마련하기보다는 그 비용을 돈으로 대납하게 하는 관행이 생겨났다. 현종대에 이런 관행이 확대되자 남구만은 뇌물을 받은 것으로 처벌하자고 제안하기도 했다. 그러나 면신례를 돈으로 대신하는 관행은 점점 더 널리 퍼진 듯하다.

면신례 때 바치는 돈은 예목禮木, 예전禮錢, 벌전罰錢 등으로 일컬어졌다. 1783년(정조 7) 선전관청에서 면신에 소요되는 비용을 줄이고자 마련한 절목에는 참상관 18냥 3전, 참외관 36냥 3전, 참

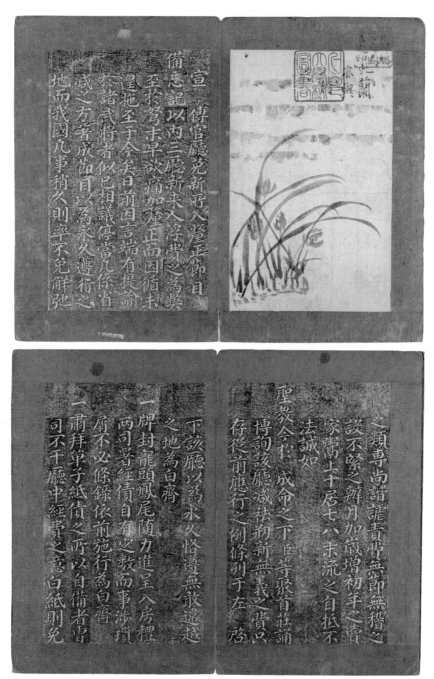

『선전관청이정절목宣傳官廳釐正節目』, 규장각한국학연구원. 1783년(정조 7) 선전관청에서 면신례를 개선하기 위하여 제정한 절목이다.

상·참외의 노복 4냥으로 신래가 부담할 예전의 액수를 명시했다.

의금부 관료들의 관행을 정리한 『금오헌록』에는 신참 관료가 바쳐야 할 벌례를 정리해두었는데, 숙배전肅拜錢, 대대벌, 대벌, 출관전出官錢, 면신전免身錢, 출관초가出官草價, 면신초가免身草價, 계첩가契帖價, 하리와 나장 및 군사와 노복들에게 지급하는 수고비 등 각종 항목을 합하여 총액이 71냥 7전에 이른다. 이때에 이르기까지 명목과 횟수를 계속 줄여 부담을 줄이고자 했지만 이 역시 적잖은 액수였다. 때문에 의금부에서는 간단한 주과로 면신을 허락하는 백면면신白面免身이라는 특별한 내규도 마련해두었다.

비용 면에서 본다면 조선 후기 예전의 부담도 만만치 않았다. 그런 까닭에 새로 관직에 제수되자마자 빚더미에 올라앉는다는 비판이 끊임없이 제기돼 그 명목을 줄여나가기도 했다. 그러나 그 비용은 여전히 버거웠다. 달라진 점이라면 주연酒宴과 신래를 놀림감으로 삼는 장난이 줄어들었다는 것 정도다.

의금부 도사의 면신례에서는 또 한 가지 흥미로운 점이 보인다. 바로 돈의 쓰임새가 달라졌다는 것이다. 당초 이 돈은 출사부터 허참에 이르는 기간 동안 일회적으로 주과상을 차리는 비용으로 쓰였다. 그러나 뒤에는 벌례전을 적립해 매달 20냥씩 분배하여 좌기나 거둥 후에 회식 비용으로 사용하도록 했다. 한때의 연회 비용이었던 벌례전이 이제는 회계를 갖춘 의금부 도사들의 계금契金으로 활용된 것이다. 이때가 19세기 중반쯤이다.

그렇다면 면신례가 돈으로 대체된 때에는 면신례 내내 계속되던 희롱과 장난도 없어졌을까? 확실히 18~19세기의 면신례 관련 논의는 경제적인 부담에 치우쳐 있다. 이제는 선배들의 희롱과 장난이 문제가 아니었다.

왜 이렇게 변한 걸까? 사실 우리는 여기에 답할 만한 충분한 정보를 갖고 있지 못하다. 다만 이규경(1788~1856)이 당시의 신래부르기 풍습에 대해 논변한 글을 새겨볼 만하다. 신래부르기란 새로 급제한 사람을 길에서 만나면 '신래'를 불러 진퇴進退라고 부르는 장난을 시키는 것이다. 신래부르기를 하면 길 가던 사람들이 둘러싸고 박장대소하며 그 광경을 즐겼다. 그런데 이규경은 『오주연문장전산고』에서 당시의 면신례 풍습에 대해 다음과 같이 말했다.

가세가 한미한 자는 비록 선진先進이라도 신래를 부르지 못한다. 벌열이나 명문가 출신으로 과거에서 우수한 성적으로 합격하면 친히 한미한 집을 찾아가서 신래를 부르지는 않는다. 혹 길에서 만나면 힘써 신래를 부르고 생색을 버며 이르기를 신래는 한 가지라고 하지만 또한 문지門地의 고하를 보는 자는 뒤섞이는 것을 싫어한다. 세속의 풍습이 그러하니 다시 무엇을 논하리오. (…) 옛날에는 문벌이 낮은 서족庶族이 벌열가의 귀현貴顯을 신래라고 불러도 으레 그러하듯이 편안히 받아들이고 존귀한 자를 능욕했다고 나무라지 않았으니 당시의 풍습이 이상해서 그랬던 것일까?

及第新禮

「급제신례」, 27.0×29.5cm, 조선 말기, 청계천문화관.

이규경이 살았던 19세기 전반에는 같은 문과 급제자라 해도 가세를 봐가며 비슷한 부류끼리만 신래를 불렀다. 벌열은 벌열대로, 한미한 집안은 한미한 집안대로 동류를 형성하고 그 경계를 넘지 않았다. 이제 문과 급제자가 모두 동류로 인식되던 시대는 지난 것이다. 이규경은 17세기 후반 신경진辛慶晉의 서자였던 신희계辛喜季가 병조판서 김좌명金佐明과 기천沂川 홍명하洪命夏를 제치고 이조낭관吏曹郎官을 신래로 불렀던 일화를 전하며 세상이 변했다고 말한다. 19세기 후반의 황현도 "선배라 하더라도 문벌이 비슷해야만 신래라 부를 수 있고, 그렇지 않으면 불러도 나가지 않는다"고 했다.

이제 선배라는 이유만으로 후배에게 군림하며 희롱을 일삼던 시대는 끝난 것이다. 여전히 면신례는 사라지지 않았고, 예전이니 벌전이니 하는 명목의 돈도 남아 있었지만 선배와 후배 사이의 위계는 사라졌다. 그보다는 개인이 가지고 있는 배경이 더 중시되었다. 출신이 변변치 못한 선배는 이제 후배에게 아무런 권위도 발휘할 수 없는 것이다. 같이 문과에 급제했더라도 그들 사이에 동류의식은 약했다. 그들에게 펼쳐진 길은 처음부터 달랐기 때문이다. 관료라고 다 같은 관료가 아닌 것이다. 관료 내부의 계층 분화로 선배와 후배 사이의 유대가 사라지고 면신례도 형식화되었다면 이 역시 씁쓸한 일이다.

면신례는 선배가 후배를 동료로 맞이하는 의식으로 해학과 유흥이 질펀한 놀이판이었으며, 동류의식을 담은 계회도라는 기념첩으로 남는 의례이기도 했다. 하지만 후배들 입장에서는 일방적으로 장난과 모욕, 경제적 부담을 감내해야 하는 놀이가 즐거울 수만은 없었다. 관료사회에서 출세 반열에 들어섰다는 환희가 불합리한 놀이를 견뎌내게 했을 뿐이다.

권근이 지었다는 상대별곡 제4장은 업무를 마친 뒤 관료들이 의관을 벗고 선생이라고 부르며 '삶은 용'과 '봉황의 포' '황금으로 빚은 술'을 놓고 술자리를 벌이는 장면을 그리고 있다. 그다음은 "즐겁도다, 선생 감찰, 즐겁도다, 선생 감찰"이라는 가사가 이어진다. 바로 선배들이 즐거워하는 면신례 장면을 그린 것이다. 그러나 선배가 즐겁다고 후배도 즐거운 것은 아니다. 후배 입장에서도 생각해볼 일이다.

5장

질펀한 놀이판, 성속의 존재가
풀어내는 총체적 인간사

◉

무당굿놀이

박종성

신들의 게으름 vs 인간의 노동과 놀이

일하지 않고 여유롭게 영위하는 삶은 인간이라면 누구나 한번
쯤 꿈꿔보지만 실현되기는 어렵다. 이는 '게으름'의 특권이 본디
신에게만 귀속된 것이라는 오랜 신화적 전통에서 그 이유의 일단
을 찾을 수 있다. 바빌로니아 아트라하시스 서사시는 신들이 자신
들의 노동을 덜기 위해 인간을 창조했다고 노래한다.

헤시오도스는 『일과 나날들』 서문에서 인간이 제대로 살려면
노동을 필요로 한다고도 했다. 그러고 보면 노동은 인간의 덕목이
요 게으름은 신의 특권이다. 노동의 덕목을 숙명으로 안고 살아가
야 하는 인간들에게 노동과 노동 사이의 휴지休止를 무엇으로 메
워야 하는지에 대한 고민거리가 놀이를 만들어냈다고 생각한다.

놀이는 내가 직접 참여하는 것과 간접적으로 참여하는 것으로
나뉘겠지만 이는 사실상 참여의 빈도나 강렬함의 정도 차이일 것
이다. 조선의 놀이판에서 굿놀이판이나 탈놀이판은 형식적으로
보면 간접적인 참여이지만, 이를 통해 일상사의 수다한 측면을

반추하게 함으로써 그 판에 모여든 모든 사람이 자기 발견의 감동을 경험하게 한다. 굿놀이에서 배우라 할 수 있는 주무主巫(굿거리를 공연하는 무당)와 보조역을 맡는 악사는 형식상 공연의 주체이지만 관객들의 참여가 어우러져야 굿이면서 놀이가 완성된다. 따라서 특정한 누군가가 굿놀이의 주체라기보다는 굿놀이 자체가 무당과 악공, 관객을 끌어들여 존재하게 되는 셈이니 굿놀이가 놀이판의 주체인 셈이고 "굿놀이가 굿놀이를 논다"는 명제가 성립된다.

「무녀굿」, 김준근, 무명에 채색, 28.5×35.0cm,
조선 말기, 함부르크 민족학박물관.

굿놀이는 본디 굿이기에 인간의 절실한 사정을 신과 더불어 풀어내야 했고, 그러는 한편 인간사의 사소한 일들을 웃음으로 승화시켜 고단한 민초들의 일상에 활력을 불어넣기도 했다. 단지 관람 대상인 공연물을 넘어서 관객 모두가 참여하는 판을 마련함으로써 특별한 놀이 방식이 생겨날 수 있었다.

동해안별신굿에서는 맨 마지막 굿거리로 〈거리굿〉을 하는데, 그 이유는 여러 굿거리에서 청배한 신들을 따라온 수비들을 먹여보내기 위함이다. 이때 굿놀이에서 쓰이는 도구는 현장에서 조달된다. 주무가 여자로 분장할 때는 관중에게서 치마와 수건을 빌리고 어부로 등장할 때는 긴 장대를 삿대로 삼아 노 젓는 흉내를 내는 식이다. 이는 관념적으로 극중 인물과 극중 상황을 나타내는 것이기도 하지만, 현대 연극처럼 등장인물에 맞는 특별한 분장을 하지 않고 일상생활에서 관객과 주무가 다른 존재가 아님을 확인하는 절차이기도 하다. 이로써 굿놀이에서 주무와 관객 중 누가 공연의 주체인가를 두고 다툴 필요가 없음을 확인시켜준다. 동해안별신굿의 저 유명한 굿놀이 가운데 하나 '해산解産거리'는 대개 다음과 같은 내용으로 구성된다.

주무는 치마저고리를 입고 수건을 쓴 형색이다. 짚단에 바가지를 씌워서 양다리 사이에 끼우고 치마를 덮어 배부른 모양을 한 채 등장해 아기 낳는 장면을 연기한다. 연이어 볏짚으로 만든 아기를 낳은 뒤 아기를 어르고, 병이 들어 아기가 죽자 애통해하는 모습 등을 보여준다.

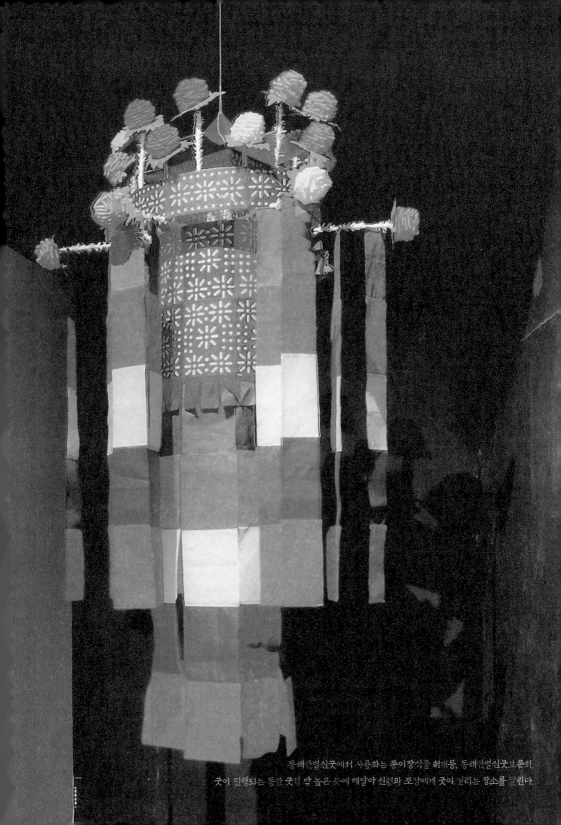

동해안별신굿에서 사용하는 종이장식물 허개등. 동해안별신굿보존회.
굿이 진행되는 동안 굿청 밖 높은 곳에 매달아 신령과 조상에게 굿이 벌리는 장소를 알린다.

이 가운데 한 대목을 들여다보자. 배가
잔뜩 부른 형색의 주무가 등장하자 관객이
불쑥 말을 꺼낸다. "배가 너무 튀어나왔
다." 주무가 받아 말한다. "남이야 튀어나
오든 말든 지랄하고 별 걱정 다 한다. 지는
이만치 안 튀어나왔던갑네. 내 이래 보니
지가 이보다 더 튀어나왔데이." 관객이 스
스로 굿놀이의 한 부분에 개입해 주무와
말을 주고받는 장면이다. 관객이 불쑥 끼
어들어 주무에게 수작을 거는 것은 아무
상황에서나, 혹은 아무 말이나 할 수 있는
게 아니다. 주무의 형색을 보고 그에 맞는
즉흥적인 수작 걸기가 일종의 감춰진 규칙
처럼 관객과 주무 사이에 작동한다.

해산중천.

주무가 관객을 향해 불쑥 말을 던진다. "아, 이쪽은 아이를 안
낳아봐서 모른다. 이쪽으로 한번 보자. 어떻노? 에이, 불그스레
하나?" 관객이 받아 말한다. "아들이다, 아들." 주무가 덥석 받아
말한다. "아이쿠! 그래 그렇지, 아들이라 하니 기분이 시원하다."
주무가 관객의 개입을 유도하면서 말을 섞는 장면이다. 관객은 주
무의 유도에 굿놀이 진행을 거스르지 않는 대거리를 해야 할 의무
가 있다. 그래야 굿놀이가 편하게 흘러간다.

모든 굿놀이 진행에 주무와 악사, 관객 사이에는 오랜 전승으로
형성된 규칙들이 즉흥적으로 개입해 실행된다. 굿놀이가 공연이
면서 공연자와 관객이 함께 감당해야 하는, 더불어 노는 것임이 여

동해안별신굿의 한 장면.

기서 확인된다. 놀이의 규칙처럼 말이다.

악사가 관객을 향해 극중 전개와 관련된 질문을 던지거나 개입을 유도하면 관객은 그에 걸맞게 호응하는데, 이때 흔히 굿놀이의 관객을 이른바 '잘 교육된 관객'으로 규정할 수 있다. 관객이 어떤 방식으로 극중에 개입해야 하는가를 인식하고 있다는 의미다.

관객이 극중 흐름에 끼어드는 순간, 일반적으로는 그 상황에 몰입하는 게 상례이지만 굿놀이에서는 관객 스스로가 개입하는 특별한 방식을 인식하고 따라야 하기 때문에 오히려 개입하는 그 순간 관객 스스로 자신이 관객임을 거듭 인식하게 되고, 그 결과 관객의 극중 몰입을 차단시키는 역설적 효과가 나타난다. 그럼으로써 관객은 다시 극중 상황과 일정한 거리를 유지하면서 일상사의 한 부분을 확대하고 회화화한 그 상황을 통해 또 다른 내가 나를 바라보는 것과 같은 특별한 경험을 하게 된다. 자신의 일상사를 광대가 재현하는 것으로 관조함으로써 스스로의 삶에 직접 참여하는 놀이이면서 관람 대상으로서의 연극 행위이기도 한 것이다. 굿놀이의 열린 공간이 갖는 의미는 바로 여기에 있다.

　동해안별신굿의 골맥이할배와 할매의 놀이판을 조금 들여다보자. '골맥이할매 거리'에서 주무는 치마와 저고리를 관중에게서 빌려 입고 수건을 쓴 채 등장한다. 며느리 흉보기와 칭찬하기가 주된 내용인데, 농어촌 가정에서 흔히 보는 며느리의 일거일동을 실감나게 흉내 낸다. 한편 '골맥이할배 거리'에서 주무는 갓을 쓰고 짚으로 만든 안경을 쓰고는 지팡이를 짚은 채 등장한다. 자기는 골맥이할배라고 하며 집 나간 마누라 골맥이할매를 찾는데 이 과정에서 골맥이할매와 놀아난 젊은 남자인 마을의 총대가 등장하며 성性과 관련된 걸쭉한 육담과 재담을 구연한다. 할배가 말한다. "그런데 우리 할마니 여기 와 노다 갔지? 어디쯤 노다 갔지?" 총대가 받는다. "바루 고기서 놀았습니더." "여기가…… 우리 할마니 거 개 잘 쫓지. 왜냐 그 아리 좋지 못해 그렇다. 그러니 내가 오며는 언제나 어느 장소에 앉아 놀았다 카는 거는 냄새만 맡아보면 대략 알아볼 수 있거던." (바닥에 코를 대고 컹컹 하며 여기저기 냄새를 맡는다.) "야 참 독하다. 과연 야 여기구나. 아이고 큰일났다. 야 이거 웬일이고? 야 이 동네 총대과 놀았다 해. 이런 답답할 놈의 일이 있나. 야 내가 이걸 어제 점호하던 사람도 어데 가 처백혀 안 나오고그래. 우선에 제일 마무린 게 총대다. 야! 남의 헬밀 데리고 놀면 곱게 그냥 지성으로 데리고 놀 일이지 이거 왜 빼났노?

놀이로 본
조선
136

남 막내이 아들 장개 보낼 때 상납 달비 할라고 고이 곱게 요새 요소 암모니아 비료 줘가주구 걸과 농거루 와 이리 뺐노? 와 뺐노 지성으로 놀지." (총대에게 달려든다.) 할배가 총대에게 또 대든다. "데리고 놀았지러 놀았지러, 오냐 줄항복(처음부터 끝까지 모두 항복)하는구나 빨리 내놔라 싸게 내놔라." 총대가 느닷없이 돈 100원을 건넨다. 할배가 말한다. "내가 돈을 달라 하더냐 들은출물 달라 했지. 지랄하고 돈은 왜 쑥쑥 내놓니. 아 이거 모르제. 골맥이 수부(수비)다. 골맥이 수부를 착실히 줘야 이 동네가 안과태평 安過太平하단다."

할매와 놀아난 총대에게 달려들어 법석을 떨고서는 자신이 마을의 평안을 위해 수비를 착실하게 잘 대접해야 한다 하고 골맥이 서낭과 사해용왕을 착실히 모셔야 한다고 하면서 한바탕 놀고 들어간다. 바람난 할매를 찾아다니는 할배는 할매의 새 남자 총대에게 질책하고 달려들지만 결국 자신을 비롯해 뭇 신을 잘 먹여 보내는 것을 요청하고 마을의 안녕과 풍요를 축원하는 것이 대강의 내용이다.

골맥이할매는 여신이면서 생산신이다. 그런데 이 신은 아이를 어떻게나 많이 낳았던지 밑이 빠진 할머니로 나타난다. 생산의 상징인 골맥이할매가 아이를 많이 낳은 인물이라는 것은 생산신에 대한 의식에서 출산 행위를 모의적으로 연행하는 것과 같다. 결국 골맥이할배와 할매는 생산력을 현저하게 잃은 늙은 인간 부부이면서 동시에 골맥이 곧 그 고을의 액을 막아주고 마을을 보호해주는 골맥이 남녀 신이기도 하다. 이렇게 보니 할매의 감당하기 어려운 바람기는 늙은 여자와 젊은 남자의 결합을 향한 것이고 신과 인간의 결합을 위한 것이었다. 이는 생산력이 고갈된 늙은 남성 혹은 남성신을 대체해 활력이 넘치는 젊은 남성과 결합함으로써 생산력의 갱신을 도모하는 모의적 의례가, 일상사에 일어날 법하면서도 사소한 상황의 설정을 기반으로 육담과 재담, 연극적 행위로 구현되고 있음을 말한다. 신과 인간의 경계를 넘어서서 신과 인간이 같은 놀이판에 모여 신의 삶이 인간의 삶과 단절되어 있지 않다는 오랜 신앙의 확신을 드러내는 것, 이것이 우리네 굿놀이의 유전자다.

맺힘과 풀림의 판,
그 안에서 수비와 인간이 만나다

굿놀이에는 인간 배역만 등장하는 게 아니다. 동해안별신굿뿐만 아니라 서해안별신굿 등에서 공통으로 행해지는 굿놀이에 이른바 수비(잡귀雜鬼/혼신魂神)로 통칭될 만한 잡귀가 무수히 등장한다. 호남지역의 〈삼설양〉이나 동해안 지역의 〈거리굿〉에 한 많은 귀신이나 수비들이 나타나 무속 의례다운 색을 덧입힌다. 그런데 무슨 원귀, 혼귀, 수비의 종류가 이리도 많은지 궁금하기도 하고 흥미롭기도 하다. 한량, 총각, 처녀, 노인, 아이, 머슴, 미친 사람, 곱사등이, 벙어리, 봉사, 임산부, 총 맞고 죽은 자, 약 먹고 죽은 자, 미역 따다 죽은 자 등 일상생활에서 언제나 우리 곁에서 내가 겪고 감당해야 하는 예기치 못한 상황 속에서 횡액을 당한 존재들로 망라되어 있다.

〈삼설양〉에서 총각 혼신과 처녀 혼신이 등장하는 대목을 보자. 주무는 짚으로 만든 남근을 들고 등장해 총각 혼신 노릇을 한다. 남근을 과장되게 내보이며 무녀와 성행위를 하면서 총각으로 죽어 맺힌 원한을 대신 풀어낸다. 그러고는 위로를 받고 춤을 춘 뒤 퇴장한다. 이어 흰 수건으로 얼굴을 가린 처녀 혼신이 등장해서는 자신의 맺힌 원한을 풀어내면 악사가 총각 혼신의 행방을 일러주고 뒤따라가도록 한다.

처녀 귀신이 말한다. "당신 나가 누군지 아요?" 악사가 받는다. "저 잘 모르것는디 아마 얼굴을 가린 것이 처녀 죽은 구신이 들어왔구먼." "나가 서른 살 먹도록 시집을 못 가갓고 잉!" "예. 아까 방금 총각 귀신이 왔다 갔는디." "저승에 간께 시집을 안 가고 왔다고 저승도 못 가고 이승도 못 가게 함서 어째 우리 집에 와서 시집이나 잘 보내줄까 하고 이날 평상 기다리고 당겨도 우리 집서 찾지도 않고 이곳저곳 다니다가 여기까지 왔는디 뭣 좀 먹고 갈 것 없소?" "많이 잡수시오. 걸게 채려놨은께 많이 잡수시오." "묵고 가는 것이 문제가 아니라 시집을 가야 된다 그 말이여!" "가야제." 무당이 개입한다. "요새야 연애 시댄께 저승에 가 연애를 걸고 그러시오." "그래 총각 하나 안 왔어?" 다른 무당이 받는다. "방금 왔다 갔어요. 얼른 가보시오." "그럼 왜 말을 안 해줘. 얼른 하제." "곧 뒤따라가시오. 저기서 지키고 기다리고 있을 꺼요." "총각 죽은 혼신이?" "암!" "그럼 나 얼른 먹고 갈라네."

처녀 혼신이 춤을 추며 퇴장한다. 이승에서 남녀의 결연을 이루지 못한 총각과 처녀가 혼신이 되어 각기 따로 등장했다가 굿놀이를 통해 이승에서의 못다 한 남녀의 결연을 성취하게끔 하는 방식이다. 죽어서도 혼인하지 못한 결핍은 장애가 되어 저승에조차 온전하게 들어가지 못한다고 하니 남녀의 결연은 생산의 근본이면서 삶의 원천을 이루는 것임을 거듭 확인하는 절차가 아니겠는가. 굿놀이의 관객들은 총각과 처녀 혼신을 잘 대접하고 위로해야 하는 대상으로 인식하지만 그 이면에 총각과 처녀의 혼신은 바로 관객 자신의 또 다른 모습으로 투영된다. 벙어리 혼신이 등장하고 봉사 혼신이 등장하는 것 역시 마찬가지다.

　　순천지역의 〈삼설양〉에 '아기 배고 죽은 혼신'이 등장하는 대목을 보면 삶의 질곡이 시린 웃음 이면에 스며들어 있음을 알게 된다. 악사가 말한다. "여보시오. 당신을 보니 앞산도 첩첩하고 뒷산도 첩첩하요. 지양망제는 여기 못 오는데 어찌 여기를 왔소? 애기를 못 낳고 죽었읍디여?" 아기 배고 죽은 귀신이 받는다. "삼신 지양집에 간 혼신이 왔는게 들어보라 그 말이여. 내가 좋은 가정에 좋은 남편 만나갖고 백 년이나 살라고 남의 가문에 가서 하! 이 애기를 뱄는데 똑 작것 아홉 달 반엔디 내가 못 낳고 죽었어." "그렇지요." "그래 내가 죽어 이렇게 애기를 배갖고 저승을 가니 저승에서 어째 너는 애기를 못 보고 애기 밴 혼신이 저승으로 일리 가 있느냐 나는 극락 시방 못 간다고 애기 딱 낳뿔고 진옷 벗어뿔고 다 좋은 옷 갈아입고 극락세왕 가지 그전에는 못 간다고 해서 나가 거리노둥에 삼도중천에 떠돌아 댕기는디 우둥둥 굿소리가 나기에 배아지는 이렇게 내가 애기 배서 똥똥헌디 배는 등껍닥에 붙었는디 뭣 잠 얻어먹고 나 잠 어떻게 이것 잠 덜어버리고 갈 수 없을까 몰라." 악사가 받아넘긴다. "예 그래 당신이 말이요. 여기를 이리 참석해갖고 애기를 낳고 갈라면 삼신풀이를 잘해야 될 꺼요." "삼

놀이로 본
조선
140

신풀이를 잘해야 돼?" "암, 삼신풀이를 잘못하면 애기를 못 낳고, 당신 가요." "나 이거 여기서 뭣 많이 잠 먹고 똥창에 풍당 빠쳐불고 갈라 그러는디 삼신풀이를 하라 그면." "그렇게는 안 돼. 아먼 삼신풀이를 해야 낳제." "그럼 미역이랑 다 있어?" "다 있어요. 준비해놨어요." "준비해놔?" "예 하먼이라." "그럼 우리 삼신풀이나 한번 해보제." (…) 악사가 말한다. "지양풀이를 잘해노니 뽕 빠져부네." "아이고, 아닌 게 아니라 지양풀이를 슬쩍 했는디 나가 잘 했는갑네 나 애기랑 뽕당 낳아뿌렀소. 당신들 시킨 대로 다 해서 애기를 뽕당 낳아뿌렀는디 어디 애기를 낳았는디 아들을 낳았는가 딸을 낳았는가 한번 볼께라?" "하먼요. 한번 보과 와야제." "하아! 낳아놓고 본께 바가지 박샌을 낳았네 나가요 허허! 이때껏 내가 이놈으 담아 댕김시로 저승도 못 하고 이승도 못 하고 추첩시럽게 마님들 앞에서 가랑이를 빌시릭 해갖고 나기 이놈을 낳고 보니 바가지 박샌인디 딱 안을 들여다본께 은바가지요." (…) "이 바가치를 안으로 오리 쳐들면 미영과 복과를 쳐들이는 바가치고 배 같으로 오리 놀리자면 집 안에 오방신장에 굴뚝 신령에 팔부지신에 큰방 작은방 구석 정재 구석 마당 구석 뒤안 구석 허청 구석 구석구석에 갈취 잡신을 싹 몰아내는 북바가치를 낳았는디 이 바가치를 이 좌중에 살 사람 누가 있소?" "예. 이 댁에서 살 것이오." "누가 살라면 하나 사시오." "예. 여기 살팅께." "이 바가지를 사갖고 가면 당신들 재수 만수무강할 것인께 어째 하나 살라면 사시오." "예. 이 댁에서." "예. 나가 사갈라오." "예. 이 집에서 살라오." 애기 밴 혼신이 등장하고 악사와 다른 무녀들이 말을 받아 상황이 이런 식으로 연출된다.

동해안 〈해산거리〉에서 순산해서 태어난 아이가 죽어 망자가 되는 상황이나 〈삼설양〉에서 순산하지 못하고 산모와 아기가 함께 망자가 되는 상황은 삶의 토대가 근본에서부터 무너지는 고통이다. 누구에게나 일어날 수 있는 고통의 상황을 굿놀이를 통해 재연하고 맺힌 원한을 풀어주는 절차를 밟아 혼신을 달래야 했다. 그래서 이러한 삶의 고통을 받아들일 수밖에 없는 숙명임을 인식하는 바로 그 지점에서 생업에 종사하다가 횡액을 당하거나 정상적인 일생 의례를 치르지 못하고 삶을 마감한 혼신, 생래적 장애를 숙명으로 안고 살아가다 죽은 혼신, 이런저런 연유로 스스로 목숨을 끊었거나 다른 이에게 죽임을 당한 혼신 등 굿놀이에 등장하는 수다한 혼신은 관객 자신의 투영에 정확하게 상응한다. 혼신은 내가 죽어 된 귀신이 아니라 타인이 죽어 된 귀신이다. 타인의 혼신이 타인의 생전의 한과 욕망을 풀어낸다. 관객으로서의 '나'는 타인의 일상과 타인의 혼신이 풀어내는 한과 욕망이 자신의 것과 결코 다르지 않음을 인식한다. 타인의 혼신과 생전의 타인, 그리고 지금의 '나'는 타인의 혼신이 나의 혼신으로, 타자의 생전 삶을 나의 삶으로 인식하는 자기 발견의 전환이 일어난다. 혼신과 타인, '나'는 이렇게 셋이면서 하나이고 하나이면서 셋이라고 하는 인식론적 전환을 경험한다. 그러고 보면 우리네 삶이란 것이 기실 비非혼신의 영역과 비非'나'의 영역, 그리고 비非타인의 영역을 떠다니는 것이라는 삶의 소박한 이치를 거리굿에서 체현하고 있는 셈이 아닌가. 이러고 보면 수비들을 불러 노는 것이 단지 수비를 잘 대접해서 풀어 먹이고 돌려보내는 것을 능사로 삼는 것이 아님을 알게 된다. 맺힌 것을 풀어내자는 것은 액을 막는 것을 넘어서서 고단한 일상의 삶을 숙명으로 기꺼이 받아들이게 한다. 그래서 관객 스스로는 이 절묘한 놀이판을 마련해놓고 그 속에서 자기 발견의 감동을 경험하게 된다. 다른 사람의 일상을 통해 내 삶을 반추하는 것과 달리 자신의 삶을 스스로 바라보면서 숙명으로 받아들이고 일상에서 맺힌 것을 풀어내려는 방식, 우리네 굿놀이의 얼굴이다.

주체로서의 굿놀이, 배우와 관객의 경계를 무화시키다

굿놀이를 인간이 참여하는 놀이로서의 대상이 아니라 관객과 무당을 함께 끌어들여 놀이를 놀게 하는 '숨어 있는 주체'라고 생각해보자. 그러면 굿놀이는 스스로 노는 대상이사 주체가 된다. 그런 까닭에 굿놀이는 참여하는 관객들을 이미 자신 속에 포함하고 있는 놀이이고 활동이라는 의미를 덧입게 된다. 굿놀이의 원래 주체는 굿놀이하는 사람이 아니라 굿놀이 자체일 수 있다. 굿놀이하는 사람을 사로잡는 것, 그를 굿놀이로 끌어들여 굿놀이에 붙잡아 매는 것은 굿놀이다. 굿놀이가 관람 대상으로만 머물지 않고 그 자체에 신과 인간, 인간과 인간의 관계에서 비롯되는 수다한 일상사의 단면들을 포지抱持하고 있으며, 삶의 진지함을 본질적 속성으로 삼아 존재하는 이유가 여기에 있다.

이처럼 굿놀이는 주체의 기능을 담지하고 있기에 관객을 끌어들이고 관객을 통해 자신의 존재와 의미를 지속시키는 전략을 구사한다. 주무는 관객들을 일정한 놀이의 규칙과 같은 방식을 준수하도록 하면서 끌어들이지만 주무와 관객이 만나는 갖가지 접점은 굿놀이가 그 속성의 원천에서부터 설정해놓은 것이기 때문에 놀이 자체로 능동적인 연행이다. 더불어 그렇게 끌어들인 주무와 관객에게 놀이의 흐름을 던져주고 물러나 있기도 해서 굿놀이는 수동적 연행의 경계를 넘나들기도 한다.

굿놀이는 큰 굿거리의 빠질 수 없는 긴요한 절차이고 신과 인간의 관계를 근본적으로 전제하는 것이다. 신과 인간의 문제를 인간의 일상사와 긴밀하게 맞물려놓기 위해서는 큰 굿판의 총체적 성격 속에 그 존재와 속성을 이미 확정해놓고 있어야 한다. 아울러 굿놀이는 신을 위한 절차의 하나이면서 신과 무당의 소통의 결과물이고 신과 인간, 인간과 인간의 문제를 일상사가 본디 그렇게 존재하도록 숙명지어진 총체적 삶 속에 신이 배치되고 무당이 배치되며 관객들이 배치되는 것이라 할 수 있다. 그런 까닭에 굿놀이를 통해서 굿놀이의 이면에 작위적으로 구성할 수 없는 인간사의 모든 실상이 삶이자 놀이가 되면서 둘 사이의 경계를 무화시키는 특별한 방식을 구현해낼 수 있었다. 신과 인긴도 거스를 수 없는 인간사의 총체적 모습의 또 다른 이름을 굿놀이라 한다면, 굿놀이는 신과 인간 모두를 자신이 지시하는 방식대로 삶의 자잘한 단층들을 재연하도록 하는 일종의 연출자 노릇을 하면서 그 자체로 놀이의 주체가 되는 셈이다. 삶은 놀이였고 놀이로 삶을 되새김질하는 삼투작용은 굿놀이에서 이렇게 마련되었다.

6장

포구락, 천 년을 이어온 스포츠 뮤지컬

스포츠로 본 조선의 놀이 문화

심승구

　오늘날 스포츠는 가장 대중적인 여가활동이다. 사람들은 단순
히 건강관리뿐만 아니라 더 나은 삶을 위해 스포츠를 즐긴다. 스
포츠가 우리나라에 들어온 것은 19세기 말 개항 이후다. 서양에
서 축구, 농구, 골프, 야구 등의 운동 경기가 인천, 부산, 원산의
개항장을 통해 박래품舶來品으로 전해진 것이다. 운동 경기를 지
켜본 조선 사람들은 이를 '규칙 있는 장난' 또는 '승벽 있는 장난'
이라 불렀다. 신나게 경기하는 모습을 보고는 '서양 굿'이라고도
했다.

　그러나 스포츠는 우리나라에서도 오래전부터 발달해왔다. 국
가 행사나 세시풍속에서, 또는 무예 연마나 유희의 하나로 상대와
겨루는 놀이를 즐겨왔던 것이다. 겨루기는 우열을 가리거나 승부
를 다투는 행위다. 흔히 스포츠가 규칙과 경쟁의 원리가 적용된
신체활동이라고 한다면, 근대 이전의 겨루기 놀이도 스포츠라 할
수 있다.

　사실 전통 놀이와 스포츠를 구별짓는 것은 바로 스포츠가 실현
되는 보편성의 수준에 있다. 스포츠의 보편성은 전 세계가 동일한

규칙 아래 하나의 논리로 조직화됨을 보여주는 것에 다름 아니다. 현대 스포츠를 세계인의 공통어라고 부르는 까닭도 바로 여기에 있다. 이 관점에서 볼 때, 전통 놀이는 한 지역이나 국경을 벗어나지 못한 상태의 스포츠라고 할 수 있다.

조선시대의 놀이 문화 가운데 겨루기 놀이에 해당되는 스포츠는 많았다. 그 가운데는 오늘날 축구, 농구, 골프, 폴로, 필드하키와 같은 경기의 원류가 되는 것도 발견되는데 축국, 포구락, 격방, 격구, 장치기가 바로 그것이다. 이 글에서는 그중 춤 속에 숨겨진 스포츠, 즉 포구락에 대해 소개해보려 한다.

춤 속에 숨겨진 스포츠

조선이 건국된 지 11년이 지난 1403년(태종 3)의 일이다. 명나라 영락제가 사신을 통해 조선 국왕을 추인하는 고명誥命(외교문서)과 인장(도장)을 보내왔다. 즉위 전부터 영락제와 친분이 두터웠던 태종은 기쁜 마음으로 사신을 위한 연회를 베풀었다. 궁궐에서 먼저 차 마시는 다례茶禮를 마친 뒤 잔치를 열자, 순서에 따라 술·음식과 더불어 춤이 이어졌다.

> 포구락抛毬樂을 추었다. 동쪽 편 기녀妓女는 공을 넣은 자가 4명이었는데, 서쪽 편 기녀는 넣은 자가 1명도 없었다. (명나라 사신) 황엄 등이 즐거워하면서 사람을 시켜 임금께 말하기를 "우리 편은 모두 넣었는데 국왕 편은 어째서 넣지 못합니까?"라고 하니, 임금이 웃었다.(『태종실

「무신진찬도」(통명전진찬), 비단에 채색, 139.0×384.0cm, 1848, 국립중앙박물관. 표시된 부분이 포구락을 정재하는 장면이다.

록』3년 4월 13일)

포구락은 '던질 포抛' '공 구毬'라는 글자의 뜻에서도 알 수 있듯이, 공 던지기를 하며 추는 궁중무용이다. 음악에 맞춰 노래와 춤을 추다가 무대 한가운데에 세워진 포구문抛毬門 구멍에 작은 공을 던져넣는 형식이었다. 이때 공을 던지는 놀이를 별도로 '포구희抛毬戲'라고 했다.

위의 기록처럼 당시 포구락에 참여한 여성 무용수인 기녀는 모두 8명이었다. 이들을 동편과 서편으로 나누어 각 4명씩 정했다. 이때 국왕은 동편, 사신들은 서편에 속해 응원전을 펼쳤다. 평소 궁궐에서 남면南面하던 국왕은 황제의 사신이 올 때에는 사신과 마주보고 앉았다. 그러자 자연히 동편과 서편으로 나누어 응원하게 된 것이다.

그런데 사신 편의 기녀가 공 4개를 다 넣은 반면 국왕 편은 하나도 넣지 못했다. 결국 사신 편이 크게 이기자, 사신이 조선 국왕에게 가볍게 농담을 던진 것이었다. 위의 기록은 조선 건국 이후 포구락이 국가 공식 행사에서 행해진 첫 사례다.

이와 관련한 또 다른 기록이 우리 눈길을 끈다. 1476년(성종 7) 명나라 사신이 오자 국왕이 창덕궁 인정전에서 연회를 베푸는 장면이다.

술이 세 순배 돌아간 뒤 기녀가 포구락을 했으나, 8명이 모두 넣지 못했다. 정사正使가 말하기를 "……며칠 전에 태평관에서 포구락을 했을 때에는 모두 잘 넣었는데, 지금 대궐 안에서는 모두 넣지 못하니 용안

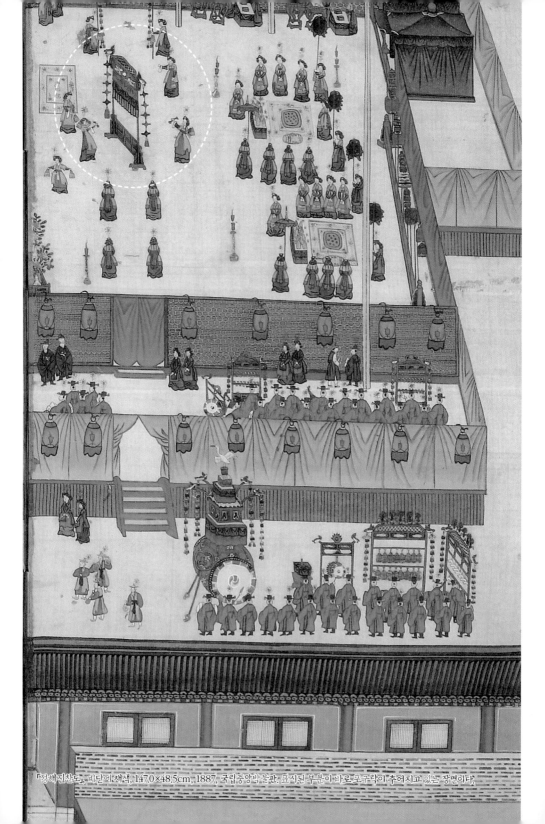

「정해진찬도」, 비단에 채색, 147.0×48.5cm, 1887, 국립중앙박물관. 표시된 부분이 바로 포구락이 추어지고 있는 장면이다.

「봉사도奉使圖」, 비단에 채색, 40.0×51.0cm, 중국민족도서관. 1725년 영조(왼쪽)가 청나라 사신(오른쪽)과 마주 앉아
춤을 관람하는 모습이다.

龍顔(임금)을 두려워하는 것입니다. 청컨대 다른 기녀로 하여금 다시
공을 던지게 하소서” 하였다. 임금이 그대로 따르니, 다른 기녀들이
모두 넣었다.(『성종실록』 7년 2월 24일)

잔치 순서에 따라 포구락을 펼쳤으나 기녀 8명 중 아무도 공을
넣지 못했다. 그전에 사신들의 숙소인 태평관에서 포구락을 했을
때 전원이 넣은 것과는 전혀 딴판이었다. 동편과 서편의 기녀들이
한 사람도 공을 넣지 못하자, 성종(당시 스무 살)은 겸연쩍고 미안

한 마음을 드러냈던 모양이다. 그러자 명나라 사신이 옛 고사를 인용해 성종을 위로하면서, 기녀들이 임금 앞이라 긴장한 탓이니 다른 기녀로 다시 할 것을 요청했다. 왕이 이를 받아들이자, 바뀐 기녀들이 다시 포구락을 해 공을 모두 넣었다는 내용이다.

여기서 주목할 부분은 국빈을 위한 연회에서 포구락을 두 번 공연한 사실이다. 당시 잔치에는 포구락 외에도 여러 춤이 차례를 기다리고 있었다. 물론 포구락의 재공연은 사신의 요청에 따른 것이었다. 그럼에도 무용수를 바꿔 포구락을 다시 공연한 것은 단순히 춤을 한 번 더 보여주기 위함이 아니었음을 짐작케 한다. 포구락의 묘미는 바로 춤 속에 숨겨진 공놀이 경기에 있었던 것이다.

포구락은 이처럼 음악樂, 노래歌, 춤舞에 놀이戱가 결합된 궁중무용이었다. 궁중무용의 특징은 본래 개인의 감정이나 정서를 표현하지 않고 조종祖宗의 공덕을 칭송하거나 군왕의 장수 또는 태평성대를 기원하는 데 있었다. 무용수들은 그러한 내용을 담은 창사唱詞로 노래하며 춤을 추었다. 춤사위 및 형식은 단아한 우아미와 절제미를 특징으로 했다. 사실 포구락은 무용에 놀이를 결합시켰다기보다는 놀이에 춤을 덧붙여 궁중무용으로 발전시킨 형태였다. 그래서인지 춤 속에 공놀이가 생생하게 살아 있다.

특히 두 편으로 나누어 공을 던진다거나, 관람자가 편을 갈라 응원한다거나, 공을 하나도 넣지 못할 경우 무용수를 바꿔 다시 하는 것 등은 마치 요즘의 스포츠 경기를 연상케 한다. 포구락은 궁중 공연에서 춤으로서의 예술성보다 놀이적 요소가 더 중시되었다. 이는 고려 이후 오늘날까지 거의 1000년의 역사를 이어온 배경이 되었다. 본래 송나라의 궁중무용이었던 포구락은 중국에서는 이미 오래전에 사라져버렸다. 그러한 점에서 볼 때, 우리나라의 포구락은 동아시아의 가장 오래된 궁중정재宮中呈才이자 살아 있는 궁중무용이다.

포구락, 가장 많이 공연된 춤
잡기雜技적 성격을 둘러싼 논란

포구락은 원래 고려 문종 때(1073) 송나라로부터 전해온 것이다. 당시 궁중무용으로 전래된 춤은 포구락을 포함해 모두 여덟 가지였다. 새로운 궁중무용이 들어오자 종래의 음악·악기·춤을 향악鄕樂, 송나라에서 들어온 음악·악기·춤을 당악唐樂으로 구분했다. 이를 나중에는 '재주를 드린다'는 정재呈才라는 용어와 합하여 향악정재, 당악정재라고 불렀다. 포구락은 여러 명의 여성 무용수가 추는 군무群舞로서, 일명 '포구락정재抛毬樂呈才' 또는 '포구락지기抛毬樂之伎'로도 불렀다.

고려 때 팔관회를 비롯한 각종 국가 행사에서 공연되던 포구락은 조선의 궁중무용으로 그대로 이어졌다. 태종 시기에는 국왕이 외국 사신을 맞이하는 절차 가운데 다섯 번째 잔을 올리면서 공연하는 춤으로 제도화했다. 하지만 포구락이 완전히 정착한 것은 아니었다. 세종 때에 '포구락은 잡기雜技이며 곡절이 너무 길다'는 점을 들어 폐지하자는 논의가 일었던 사실이 이를 잘 말해준다. 유교사회였던 조선 왕조가 놀이성이 강한 포구락의 유희적 성격을 경계한 것이다.

「평안감사향연도 중 부벽루연회도」, 전 김홍도, 종이에 채색, 71.2×196.6cm, 18기기, 국립중앙박물관. 포구락이 공연되고 있는 모습이다.

이처럼 포구락이 잡기이긴 하나 고려와 송에 이어 명 조정에서도 공연되는 점이 참작되어 그대로 유지되었다. 그 뒤 포구락은 유교 이념에 맞게 재정비되어 『악학궤범』(1493)에 수록됨으로써 조선적인 궁중무용으로 뿌리내렸다.

포구락은 조선시대에 가장 많이 상연된 궁중무용이었다. 특히 외국 사신을 위한 행사에서는 인기가 좋아 빼놓을 수 없었다. 하지만 16세기 성리학 이념에 투철한 사림이 정치 무대에 주도 세력으로 등장하면서 궁중 공연에서 잡기적인 요소는 가급적 배제하거나 금기시했다. 더구나 임진왜란과 병자호란이 닥치고 국가 재정이 어려워짐에 따라 각종 연회가 제한되는 분위기였고, 이에 따라 궁중무용의 발전을 기대하기는 어려웠다. 포구락의 공연도 이 시기를 거치면서 편을 갈라 응원하며 즐기는 유희적 요소가 크게 위축되었을 것으로 짐작된다.

그러다가 18세기에 들어와 사회경제적인 발달과 함께 예악정치가 당쟁으로 위축되었던 왕실의 권위를 회복하는 수단으로 인식되었다. 숙종 때부터 초무初舞와 광수廣袖 같은 새 무용이 창작되더니, 영조와 정조대를 거치며 국가 의례가 재정비되었고, 선유락·첨수무·검무·사자무 등의 민간 무용이 궁중에서 공연되었다. 그러한 분위기 속에서 각종 연회와 함께 공연 문화가 성행했고, 포구락도 자주 공연되었다. 영조와 정조는 붕당 간의 대립을 억제하고 국왕권을 신장시키기 위해 탕평정치를 실시하는 한편, 예악의 질서를 확립하고자 했던 것이다.

특히 1795년(정조 19) 혜경궁 홍씨를 위한 화성 행차의 회갑연에서는 '쌍포구락'이 새롭게 등장했다. 기존에 1개의 구문毬門을 놓

抛毬樂
포구락

『원행을묘정리의궤』중 '쌍포구락', 국립중앙박물관.

고 춤을 추던 방식에서 2개의 구문을 놓고 춤추는 형태였다. 쌍포구락은 정조가 어머니 혜경궁의 회갑연을 축하하기 위해 고안한 새로운 형식의 춤이었다.

19세기에는 정재의 황금기라고 할 만큼 궁중무용이 크게 발달했다. 순조를 대신해 대리청정을 맡은 효명세자는 세도정치를 극복하기 위한 방법으로 다양한 궁중무용을 창작했다. 예악의 질서를 바로잡아 군주 중심의 정치질서를 회복하고 실추된 왕권을 강화하기 위함이었다.

효명세자는 춘앵전과 무산향 같은 독무를 처음 창작하는 한편, 보상무와 같은 여러 종류의 춤을 만들어 궁중무용을 크게 발전시켰다. 특히 보상무는 포구락을 응용하여 만든 공놀이 춤이라는 점에서 주목된다. 포구문 대신 보상반이라는 목표물에 공을 던져 넣는 것이 다르다. 또한 이 시기에 포구락은 여성 무용수인 여령女伶뿐만 아니라 남성 무용수인 무동舞童에 의해서도 공연되었다. 남녀를 구별하여 공연을 즐겼던 당대 사회의 모습을 엿보게 한다.

순조대 이후 궁중무용의 발달은 세도정치와 전국 민란, 그리고 이양선의 출몰 등 대내외적인 불안한 정치 상황 속에서 탄생한 산물이었다. 예악의 정비를 통해 백성을 교화시키고 정치의 불안을 바로잡으려는 유교적 예악론에 따른 것이다. 특히 쌍포구락에 이어 보상무의 창작은 궁중무용이 놀이 춤으로써 독창적인 발전을 보여주는 상징적인 사례라고 할 수 있다. 이와 같이 19세기 궁중무용의 발달은 덕을 갖춘 군주만이 예악을 바로잡을 수 있다는 유교 이념에 따라 악·가·무를 창제함으로써, 성인 군주상을 과시하여 왕조의 중흥기를 맞이하려는 제왕들의 노력과 깊이 맞물려 있었다.

망 없는 골대에 두 편으로 나눠 공 던지기
벌칙은 얼굴에 검은색 먹칠

포구락의 기본 도구는 포구문과 공이다. 포구문은 폭이 약 1미
터, 높이가 약 2.4미터의 크기로 제작되었다. 기둥 위쪽에는 한가
운데에 공이 들어가게 풍류안風流眼이라 불리는 구멍(직경 약 16센
티미터)이 있었다. 포구문은 줄여서 구문毬門이라고도 하는데, 마
치 오늘날 농구의 망 없는 골대를 연상케 한다.

공은 나무를 깎아 만들되, 주먹(직경 약 6센티미터)만 했다. 일
명 '채구彩球' 또는 '용알'이라 불렸으며
붉은색을 칠했다. 공에는 구멍을 뚫고
붉은색의 비단과 초록색 비단으로 만
든 수술流蘇, 즉 끈(길이 30센티미터)을
한 가닥씩 꿰어서 넣어 장식으로 만들
었다. 공에 두 개의 끈을 단 것은 멋과
놀이에 흥미를 더하기 위해서였다.

끈 장식은 처음에는 공에 구멍을 뚫
고 수술을 늘어뜨리는 형식이었으나,
조선 후기에는 얇은 끈에 매듭을 엮어
만들었다. 공은 양편에서 각각 한 개씩
사용할 수 있도록 모두 2개가 필요했다.
『제기악기도감』 그림에는 포구문 두 기
둥에 끈 달린 공 두 개가 매달려 있다.

이 밖에 꽃(또는 옷감)이나 붓을 준비

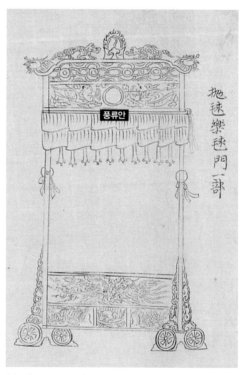

『제기악기도감』에 수록된 포구문과 채구, 규장각한국학연구원.

했다. 공을 넣은 사람에게는 꽃이나 옷감을 상으로 주었고, 넣지 못하면 붓으로 검은 먹점을 얼굴에 그렸다.

포구락의 경기 방식은 무용수가 단체로 노래와 춤을 추다가 구문 아래에서 한 사람씩 공을 던지는 형태로 진행되었다. 마치 오늘날 농구의 자유투와 비슷하다. 경기에 앞서 악사(박 연주자)가 들어와 포구문에 매달린 공 2개를 풀어 바닥에 놓고 물러난다. 공의 위치는 두 기둥의 왼쪽에 놓되, 기둥과의 거리는 1척(30센티미터)이다. 악사가 박을 치면 양편의 무용수들은 각 편에서 한 사람씩 나와 2인 1조가 되어 구문을 한가운데 두고 서로 마주 보고 서서 공을 던졌다. 공은 한 사람이 한 번씩만 던질 수 있었다. 먼저 한편의 무용수가 공 던지기를 마치면 이번에는 반대편 무용수가 공을 던졌다. 한 조가 끝나면 다음 조가 같은 방식으로 공을 던졌다.

포구락은 음악 반주에 맞춰 춤을 추며 던져야 했다. 연주자가 박을 치면 공을 던졌다. 박은 마치 오늘날 호루라기와 같은 역할을 했다. 공을 던질 때의 자세는 오른손으로 공을 잡고 왼손을 머리 위로 치켜든 상태에서 던지는 방식이었다. 이러한 동작은 풍류안을 향해 몸의 균형을 잡고 신중을 기하려는 자세로 보인다. 마치 공 던지는 시늉을 통해 조준 연습을 하는 방식이었다. 공을 던진 뒤에는 곧바로 결과에 따라 한 명씩 포상과 벌칙이 주어졌다.

구멍에 공을 던지면 모두 세 가지 결과가 발생했다. 공을 구멍에 넣을 경우, 공을 넣지 못하는 경우, 끈 달린 공이 구멍 위에 걸리는 경우가 있었다. 우선 공을 곧바로 넣었다면 즉시 상으로 꽃을 주었다. 상은 봉화奉花라는 꽃을 든 무용수가 주었다. 반면에 공을 넣지 못한 사람에게는 벌칙으로 즉시 얼굴에 검은 먹칠을 했다.

벌은 봉필奉筆이라는 붓을 든 무용수가
주었다. 먹칠은 오른쪽 무용수에게는
왼쪽 뺨에, 왼쪽 무용수는 오른쪽 뺨
에 칠했다. 이러한 포상과 벌칙의 모습
은 무용수뿐만 아니라 관람자들을 흥
겹고 재미있게 만들었다. 세 번째처럼
풍류안에 공이 걸리면 무효 처리가 되
어 포상도 벌칙도 적용받지 않았다. 이
점은 오늘날 농구에서 공이 골대 림 위
에 정지할 경우 무효가 되는 규칙과 같
다. 풍류안에 걸린 공은 악사가 장대로
꺼내 바닥의 제자리에 놓는다.

「무신진찬도」에 그려진 '포구락', 국립중앙박물관. 붓을 든 봉필
(오른쪽)과 꽃을 든 봉화(왼쪽)의 모습이다.

만일 던진 공이 구멍에 들어가지 않
고 땅에 떨어지기 전에 잡았다면 다시
던질 수 있었다. 농구에서의 리바운드와 같은 셈인데, 세 번까지 다
시 던질 수 있었다. 흥미로운 점은 첫 번째와 두 번째까지는 춤을
추다가 공을 던졌으나, 세 번째 공은 춤을 추지 않고도 던질 수 있
었다. 세 번째는 완전한 스포츠가 되는 순간인 셈이다.

포구락은 연회에 참석한 관객들이 역시 편을 나누어 응원했기
때문에 아주 신나고 흥미진진한 경기로 펼쳐졌다. 공이 하나하나
던져질 때마다 긴장과, 환호, 그리고 아쉬운 탄성이 교차되었다.
포구락은 참가자가 모두 공을 던져야 끝이 났다. 결국 어느 편이
공을 더 많이 넣었는가를 따져 최종 승부를 판가름했다.

이와 같이 포구락은 손으로 공을 던지는 놀이의 하나로, 구문

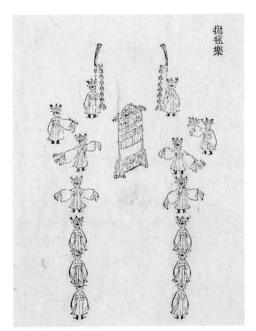

『고종신축진연의궤』에 실린 '포구락' 장면, 37.5×24.2cm, 1901, 국립고궁박물관.

하나에 두 팀이 나누어 작은 공을 던지는 방식이었다. 구문에 공을 넣는 포구락은 마치 오늘날 농구와 흡사한 점이 많다.

포구락은 단체전으로 진행되었으며 적게는 4인에서 많게는 16인까지 참여했다. 소요 시간 때문에 인원을 그 이상으로 늘리지는 않았다. 포구락은 주로 10대에서 20대 초반의 남녀 무용수에 의해 이루어졌으나, 남녀가 혼성으로 진행하지는 않았다. 남녀 구별을 엄격히 했던 것이다. 실제로 왕비나 대비와 같은 여성을 위한 내연內宴에는 여성 무용수인 여령이, 왕이나 관료처럼 남성을 위한 외연外宴에는 남성 무용수인 무동이 공연했다. 관람자에 따라 남녀를 구분한 까닭은 문란한 일이 발생하는 것을 막기 위한 의도였다. 그 결과 본래 여성만이 행하던 포구락은 여성과 남성이 모두 참여하는 방식으로 확대되었다. 포구락은 원래 궁중무용으로 시작되어 발전한 만큼, 서울의 궁궐이나 사신의 숙소에서 행해졌다. 그러다가 관찰사가 머무는 감영을 비롯한 도회지를 중심으로 점차 전국으로 퍼져나갔다. 특히 민간에서는 주로 기방에서 포구락이 추어졌는데, 포구문이 간소화되고 공놀이도 다양해졌다. 조선 말기의 그림을 보면 기녀들이 한꺼번에 공을 두 개씩 가지고 공을 던지며 포구락을 즐긴 모습도 나온다.

스포츠 예술의 새로운 가능성

포구락은 현전하는 50여 가지의 궁중무용 가운데 가장 오래된 춤이다. 포구락을 비롯한 궁중무용은 기본적으로 국가 행사의 일환으로 베풀어졌다. 그런 까닭에 국왕의 장수와 공덕 또는 태평성대를 기리는 의미를 담고 있었다. 이를 위해 펼쳐지는 포구락은 최고 수준의 음악과 노래, 그리고 무용이 결합된 종합예술로서 장중하고 화려하면서도 격조 높은 절제미와 우아미를 기본으로 삼았다.

그러면서도 여러 차례 공을 던지기 시늉을 하는 농구무弄毬舞를 비롯해 공놀이를 위한 동작이 가미되는 특색을 보인다. 그럼에도 불구하고 포구락은 춤 속에 숨겨진 경기적 요소가 오랜 생명을 유지해왔던 비밀이다. 고려 중엽부터 오늘날까지 1000여 년간이나 포구락이 지속된 이유는 무엇보다 음악·노래·춤의 뛰어난 종합적 예술성에다 다른 궁중무용에서는 찾을 수 없는 스포츠적 특성을 간직했기 때문이다.

궁중 연회에서는 행사 규모에 따라 적게는 3~4개에서 많게는 10개 안팎의 춤 종목이 짜여졌다. 그 가운데 포구락은 거의 공연 중후반부에 배치되었다. 전체 공연에서 관람자가 다소 지루함을 느낄 만한 시점에, 공놀이와 승부를 통해 오락미와 해학미를 부여하려는 의도에서였다. 실제로 포구락의 공놀이 경기와 함께 벌어지는 포상과 벌칙 장면은 일시에 연회장을 흥겨운 잔치 분위기로 전환시켰다.

공 던지기에 성공하면 환호와 박수가 터져나왔고, 실패할 경우

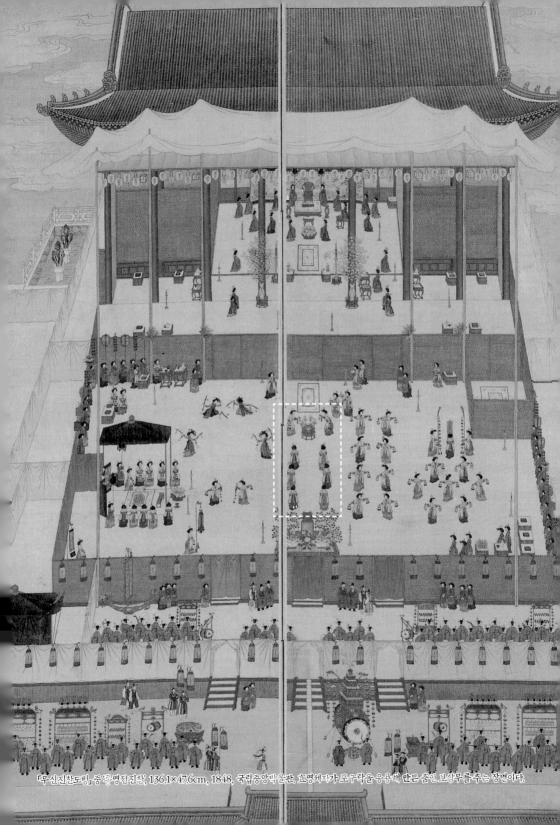

「무신진찬도병」 중 통명전진찬, 136.1×47.6cm, 1848, 국립중앙박물관. 효명세자가 포구락을 응용해 만든 춤인 보상무를 추는 장면이다.

는 관객의 탄식과 함께 곱게 단장한 무용수의 얼굴에 먹칠이 가해졌다. 이 모습은 국왕을 비롯한 관람객에게 큰 웃음을 자아냈는데, 바로 이러한 부분이 포구락의 재미를 극대화시켰다.

수많은 궁중무용 가운데 포구락이 유독 생명력을 지닐 수 있었던 비결은 바로 이런 놀이적인 특성 때문이었다. 포구락의 이 같은 장점 때문에 조선 후기에는 포구락과 비슷한 형태의 또 다른 공놀이 무용인 보상무寶相舞가 새로이 개발되었다. 구문 대신 보상판寶相盤에 공을 넣는 보상무는 역시 중국 고대의 반무盤舞와 배반무杯盤舞를 참조해 만든 한국의 독창적인 공놀이 무용이었다.

포구락은 악·가·무의 종합예술 위에 공놀이 경기를 결합한 스포츠였다. 현대의 스포츠가 예술성을 모색하고 예술이 스포츠의 원리를 필요로 하는 점을 감안할 때, 포구락은 이미 1000년 전부터 무용의 예술성과 스포츠의 경쟁성을 조화롭게 발달시킨 스포츠 예술이자 예술 스포츠였다.

오늘날 다양한 현대 예술의 장르가 발달하고 있지만 음악, 노래, 춤, 스포츠가 결합된 사례는 발견하기 어렵다. 포구락에서 춤과 노래는 일정하게 연극적 요소를 갖는다. 특히 노래의 내용은 군왕의 만수무강뿐 아니라 경기 전의 심정, 공 던지는 전의 긴장감, 조준하기 어려운 심정, 승리에 대한 바람, 벌칙에 대한 두려움 등 다양한 주제로 구성되어 있다. 그런 점에서 본다면 포구락은 노래와 춤을 테마로 하는 극의 전개가 짜맞춰진 뮤지컬과 유사하다. 만일 이러한 논리와 추론이 가능하다면, 포구락은 가장 오래된 '스포츠 뮤지컬'이자 '뮤지컬 스포츠'라고 할 수 있다. 이 점은 앞으로 스포츠의 예술화는 물론 새로운 예술의 창작화를 위해 좋은 실마리를 제공할 가능성이 크다.

하지만 오늘날 상연되는 포구락에서 스포츠적 요소를 발견하기는 어렵다. 공 던지기와 상벌은 남아 있으나, 한결같이 춤추기 위한 동작의 성격이 강하다. 한 사람이 공을 세 번까지 던지거나 공의 끈이 구멍에 걸려 무효가 되는 등의 경기와 오락적 요소는 없다. 공 하나 하나에 무용수와 관객이 숨죽이며 응원하는 재미와 긴장미도 사라졌다. 악·가·무와 더불어 스포츠의 가치를 발휘했던 천 년의 춤 포구락이 이제는 그 춤으로 가려져 스포츠의 매력을 찾기 어려워진 것이다. 스포츠가 생생히 살아 있는 종합예술로서 포구락을 다시 봐야 할 이유가 바로 여기에 있다.

7장

계절에 맞춰
놀이하는 뜻

문헌에 나타난 조선의 세시풍속과 놀이

황재문

세시기, 세시풍속을 담은 문헌

1911년 조선광문회에서는 세시기歲時記, 즉 절기마다 관습으로 되풀이되었던 풍속들을 기록한 책 3종을 묶어서 세상에 내놓았다. 당시 조선광문회에서는 널리 보급할 만한 우리 고전을 선정해 간행하는 사업을 펼치고 있었으니, 이들 세시기가 190종의 대상 도서 목록에 오른 것은 당시에 고전으로서의 가치를 인정받았음을 보여준다. 조선광문회의 사업이 조선고시간행회와 조선연구회 등을 통해 진행되던 일본인들의 고전 간행 사업에 대항한다는 의미를 지닌 것을 고려하면, 국권을 상실한 당대의 상황과 관련해서도 그 의의를 인정받았다고 할 수 있다. 조선광문회에서 펴낸 책에는 적지 않은 오류가 발견되지만, 그럼에도 불구하고 조선의 세시 풍속을 이해하는 데 이 3종의 책이 가장 중요한 자료가 된다는 점은 부인하기 어렵다.

이 가운데 가장 앞선 시기의 것은 유득공柳得恭(1749~1807)의 『경도잡지京都雜志』다. 이 책은 1792년 이후에 저술된 것으로 추정

朝鮮光文會發刊

東國歲時記

洌陽歲時記 京都雜志 合編

小棠 金 邁淳

134

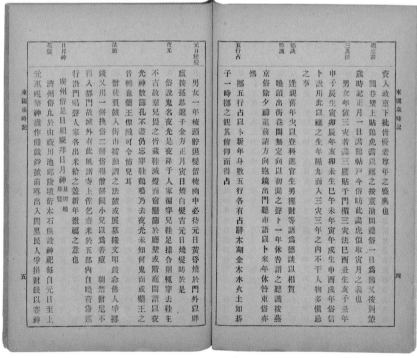

元日燒髮　夜光　法鼓　日月神　花盒

五行占　厭禳　三災法　鷄座書

右頁（四）

資入政裏下批皆偃老登年之盛典也
閭巷壁上貼鷄虎壽以禳邪　按董勛問禮俗　一日爲鷄　又按荊楚
歲時記正月一日諱鷄帖于門　今俗防此諱鷄虎戶之義也

男女値三灾者畵三鷹貼于門楣三灾法巳酉丑生人亥卯未
申子辰生寅卯辰年亥卯未年戌午年酉丑申年俗信
卜澄用此以禳之生年隔九而入三灾三年之內不干人物多慎忌
之事

逢親舊年少以登科進官生男獲財等語爲德談以相賀
曉頭出街巷間無定向以初聞之聲卜一年休咎謂之聽讖　按燕
京俗除夕禱竈前請方向聽鏡出門市語以卜來年休咎東俗亦
然

五行占以卜新年身數五行各有占辭木剋金木水火土如恭
子一時擲以卜其俯仰而得占

東國歲時記　四

左頁（五）

男女一年梳頭貯退髮陷中必待元日黃昏燒於門外以辟
瘟　按孫思邈千金方正月寅日燒白髮吉元日燒髮防於是
俗說鬼夜光是夜降于人家徧穿兒鞋足撰合則輒穿去鞋主
不吉故翠兒輩之皆藏鞋滅燈而宿懸篩於廳壁或階間謂以夜
光神數篩孔不盡仍忘寧而夜光乃去夜光未知何鬼而或曰藥王之
音轉也藥王佛貌可怖兒耳

僧徒負鼓入街市擂動謂之法鼓或展募緣文叩鉦念佛人爭
錢又用一餅換僧餅飼小兒以爲善痘　朝禁僧尼不得
得入都門故城外有此風諸寺上佐乞米於五部內自鳴有僧巡

廣州俗是日相慶拜日月神　解見上
清州俗木石俱設神祀每自元日至上
元巫覡等神醮作健歲鈔鐖前禱出入間里民人爭捐財錢以賽神

東國歲時記　五

1911년 조선광문회에서 『열양세시기』 『경도잡지』와 합편하여 간행한 『동국세시기』. 규장각한국학연구원.

되는데, 제목처럼 경도 즉 서울의 다양한 면모를 기록하고 있다. 제1권은 '풍속風俗'으로 의복, 음식, 주택, 문방구, 취미, 유희 등을 19개 항목으로 서술했고, 제2권은 '세시歲時'로 원일元日(설날)에서 제석除夕(섣달그믐 날)까지 절기에 따라 19개 항목을 두어 서술했다. 설날과 함께 상원上元 즉 정월 대보름에 지면을 꽤 할애한 점은 주목할 만한데, 이는 대보름의 세시풍속이 많았던 특성을 보여주는 것으로 이해된다.

김매순金邁淳(1776~1840)의 『열양세시기洌陽歲時記』는 1819년 무렵에 집필된 것으로 알려져 있다. 열양은 열수洌水(한강)의 북쪽이라는 뜻이니, 곧 한양漢陽(서울)의 세시풍속을 담은 책이라 짐작할 수 있다. 김매순은 저술 동기를 다음과 같이 밝혔다.

> 내가 강촌에서 긴 여름을 보내는 동안 소일거리가 없었다. 우연히 시강侍講 여대림呂大臨이 역양歷陽에 머물 때 절일節日이 되면 공부를 쉬고 둘러앉아 술을 마시면서 세시풍속의 일들을 잡다하게 적었던 것을 기억하고서, 흔연히 마음에 깨닫는 바가 있었다. 마침내 그 뜻을 본받아서 우리나라 풍속 가운데 보고 들은 것을 생각나는 대로 적어 차례로 늘어놓으니, 대략 80여 가지나 되었다.

송나라의 여대림(1046~1092)을 본받아서 우리 세시풍속을 기록하게 되었다는데, 실제 서술한 것을 보면 제목처럼 서울의 풍속만 다루지는 않았다. 또한 『경도잡지』에는 없는 내용이 다수 나오는데, 조선의 문헌을 참고했거나 자신이 전해 들은 사실들을 기록했던 것으로 짐작된다. 5월 10일의 일로 기록한 '태종우太宗雨'가

놀이로 본
조선
170

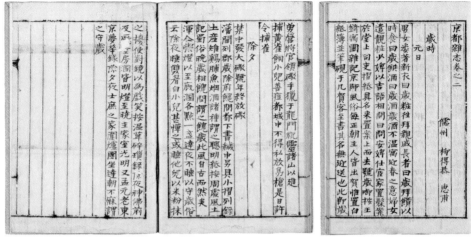

『경도잡지』, 유득공, 규장각한국학연구원.

그런 사례인데, 태종이 세상을 떠나면서 기원한 대로 이날이면 어김없이 비가 내렸지만 임진왜란이 일어나기 얼마 전부터 이러한 징험이 사라졌고 그후로 비가 오지 않는 해도 많아졌다고 했다. 세시풍속이라고 하기에는 어색한 면이 좀 있지만 책의 특징을 잘 보여주고 있다.

셋 가운데 가장 늦은 시기에 쓰인 책은 홍석모洪錫謨(1781~1857)의 『동국세시기東國歲時記』로, 여기에는 1849년에 이자유李子有(11786~?)가 쓴 서문이 붙어 있다. 더 많은 항목을 실었을 뿐 아니라 '월내月內'를 두어 날짜를 특정하기 어려운 풍속을 거론하고 지방의 풍속까지 다룬 까닭에, 앞선 두 책보다 더 체계적인 세시기로 평가받곤 한다. 다만 한 가지 유의할 점이 있는데, 이는 광문회본의 오류를 바로잡고 번역한 정승모가 지적했듯이 그 내용이 모두 홍석모 당대의 풍속이라고 단언할 수는 없다는 사실이다. 이 책에는 300여 년 전에 펴낸 『동국여지승람』을 인용해 풍속을 기록한 사례가 적지 않기 때문이다.

세시풍속은 고정된 것이 아니다

전통으로 일컬어지는 것들이 대체로 그렇듯, 세시풍속이 먼 과거부터 오늘날과 같은 형식 및 내용을 갖추었으리라고 보기는 어렵다. 농경의 시간에 맞춰 오랜 옛날부터 베풀어졌을 법한 풍속이 있는가 하면, 역법曆法과 함께 또는 문물제도와 더불어 외부에서 전래되었으리라 짐작되는 것도 있다. 또 전래 과정에서 풍속의 내용이나 시기, 때로는 그 기원에 대한 설명까지 바뀌는 일도 있었을 것이다. 따라서 세시풍속이란 고정된 것이 아니며, 시대와 지역에 따라 달라지더라도 이상하지 않다.

이런 관점에서 보면, 위 세 가지 세시기만으로 조선의 세시풍속을 정확히 알긴 어렵다. 이를 보완하려면 당대 현실을 좀더 정확히 그려낸 자료를 찾아 견줘봐야 할 텐데, 그런 자료로 유만공柳晩恭(1793~1869)의 『세시풍요歲時風謠』를 들 수 있다. 이 책 서문에서는 "서울 사람들이 시기에 따라 잔치를 벌이고 즐기던 일京下士女時節燕嬉之事"을 200여 수의 한시로 읊었다고 밝혀두었는데, 적잖이 남아 전하는 이런 유의 시집이나 연작시들이 과연 실제 생활을 그려낸 것인지는 하나하나 따져봐야 할 터이다.

변화의 속도가 점점 더 빨라지는 시대를 사는 현대인들은, 때로 조선시대의 생활이 한결같았으리라 생각하기 쉽다. 또 조선 사람

歲時風謠序
本朝立國已四百六十餘載野無捊殺之警民有樂
利之功旣庶而富固分泰階況京師居四方之中丹
車輻湊華靈成習每令辰住部遊宴集歲無虛月
而以承天之貺同其休而貢其慶也從古以還其能
生老於康衢華胥而不目知豈有如我華其人者哉
澗松柳子就京下士女時郎燕媱之事作小詩二百
首名曰歲時風謠上目王朝故事下及閭里道俗
天時之嬗改人事之作為無不覶縷焱一夔甫雅
澗松之好事可謂勤矣又要余升卷余讀之卒業甫唱

一

然日全篇貯載多兒女伎倆市井俚語雖若無關於
世然古人以洛陽園圃或裏為天下治亂之候則此
篇其至治之馨音而太虛之點雲乎若化有不洽民
未安生宣復知有此樂哉我困以余有目醉上古有鳳
姓相承十五世者將有君子焉有野人焉未知所讀
者何吉昕寀者何事冬之夜夏之日睡之餘飯之後
作何思謠固甚消遣每讀史全此未嘗不掩卷流想
今見是篇乃知風氏之家亦有歲時遺風種種作喜
如我革今日之為但無澗松子者鋪太平之像鳴國
家之盛耳賣耳賤目凡士之見也何足同今古爵物

理放大眼孔哉
乙未元月玉山張琬序

二

『세시풍요』, 유만공, 규장각한국학연구원.

들이 '전통적인' 세시풍속을 잘 알고 정확하게 지켰으리라고 여기
곤 한다. 그렇지만 장지연張志淵(1864~1921)의 언급을 보면 그렇지
않았음을 알 수 있다. 장지연은 1909년 2월 김원근金瑗根의 부탁
으로 『경도잡지』 서문을 썼는데, 이 글에서 시대와 세상이 변함에
따라 예전의 풍속을 볼 수 없었던 터에 이 책을 통해 융성한 문물
을 살펴볼 수 있게 되었다고 말했다. 또 자신이 '대한풍속사大韓風
俗史'를 쓰려고 했지만 적당한 자료가 없었던 사정도 함께 밝혔는
데, 『경도잡지』에 실린 풍속들이 그에게도 낯익은 것만은 아니었
음을 이로부터 짐작할 수 있다. 실제로 장지연이 같은 해에 쓴 『만
국사물기원역사萬國事物起原歷史』에서는 『경도잡지』를 참고한 흔적
이 여러 곳에서 발견되며, 그 가운데는 직접 목격하지 못했기 때
문에 생겨난 오류로 짐작되는 것들도 있다.

　시대와 지역에 따라 달라진 세시풍속에는 어떤 것이 있을까? 한
가지 사례를 살펴보자.

우습구나, 찬 술 많이 마신 늙은이여	醪多喫笑痴翁
누가 귀 밝게 하는 신이한 비방 일러주었나	誰道神方使耳聰
취한 듯 꿈꾸듯 몽롱하여 새벽부터 노곤하구나	醉夢昏昏緣卯困
천 번 불러도 답 없으니 귀는 더 어두워진 모양이네	千呼無應似愈聾

『세시풍요』에 실린 작품 가운데 하나다. 여기에는 한 늙은이가
등장하는데, 아마도 새벽에 찬 술을 마시면 귀가 밝아진다는 전래
의 비법을 실천하려 한 모양이다. 그렇지만 욕심이 지나쳐서 새벽
부터 여러 잔의 술을 마셨고 결국 잔뜩 취했던 듯한데, 그 결과 마

치 귀가 더 어두워진 것처럼 천 번을 불러도 대답하지 못하는 지경에 이르고 만 것이리라.

사실 이 시는 오늘날에도 남아 있는 귀밝이술의 풍속을 소재로 택해 현대인들도 그 상황을 쉽게 그려볼 수 있다. 다만 한 가지 부자연스럽게 여겨지는 것은 이 시가 설날의 풍속에 포함되어 있다는 점이다. 여기에는 "설날 일찍 마시는 술을 귀밝이술鞭聰酒이라 하는데, 대부분 차게 해서 마신다"는 유만주의 주석도 달려 있다. 반면 세시기들에서는 이를 대보름 풍속으로 기록하고 있다. 『경도잡지』에서는 '치롱주治聾酒', 『열양세시기』에서는 '명이주明耳酒', 『동국세시기』에서는 '유롱주牖聾酒'라 일컬으면서 모두 대보름의 풍속으로 들고 있다. 이런 차이는 왜 나타난 것일까.

정확한 사정은 알 수 없으나, 『경도잡지』에서 송나라 문헌인 『해록쇄사海錄碎事』에는 사일社日(입춘 후 다섯 번째 무일戊日인 춘사일春社日)의 풍속이라고 기록되어 있지만 우리나라에서는 대보름으로 옮겨졌다고 덧붙인 말이 참고가 된다. 사일이란 땅의 신에게 제사를 지내는 날이니, 아마도 중국에서는 땅의 신에 대한 제사와 관련해 이런 풍속이 생겼을 법하다. 그렇다면 이 풍속이 전래되는 와중에 정월 대보름으로 옮겨가면서 지역적으로나 시기적으로 어떤 변형이 나타난 것은 아닐까 짐작해볼 수 있다. 사실 우리나라에서는 정월 특히 대보름에 풍속이 집중되는 경향이 있다.

시기가 옮겨진 예로 소발燒髮의 풍속도 들 수 있다. 『경도잡지』에서는 1년간 빠진 머리카락을 밀랍 종이 포대인 납지대蠟紙帒에 보관했다가 설날 해질 무렵 문밖에서 태운다고 했고, 『동국세시기』에서는 이 풍속이 나쁜 병을 물리치기 위한 것이라고 덧붙였다. 두 문헌 모두 당나라 손사막孫思邈의 『천금방千金方』에서 정월 인일寅日에 백발을 태운다고 한 기록을 인용했으니, 중국으로부터 전래되면서 시기상의 변화가 일어났을 가능성을 염두에 두었을 듯하다. 장지연의 『만국사물기원역사』에서는 정월 16일에 머리카락을 태우기도 한다는 설명을 덧붙였는데, 소발의 풍속 또한 다른 시점에 행해지기도 했음을 이로부터 짐작할 수 있다.

이어진 풍속과 끊어진 풍속,
그리고 놀이가 된 풍속

세시기에는 상당수의 세시풍속이 기록되어 있다. 그중에는 오늘날에 남아 있는 것도 있는가 하면 사라진 것도 있다. 기원이 분명한 것도 있고, 그렇지 않은 것도 있다. 또 단순한 관습이나 금기로 남은 것이 있는가 하면, 완연한 놀이의 형태를 취한 것도 있다.

설달그믐 날 밤에 잠을 자지 못하게 하는 '수세守歲'는 오늘날에도 계승되는 풍속이다. 『세시풍요』에는 "어지러이 절하는 아이들 웃으며 바라보네笑看兒少紛紛拜"라는 구절이 있는데, 이는 졸음을 참지 못하고 잠든 아이의 눈썹에 쌀가루를 발라놓았기 때문에 절을 받는 어른들이 그 모습을 보며 웃는 광경을 묘사한 것이다. 설달그믐 날 잠이 들면 눈썹이 센다는 속설을 바탕으로 만든 일종의 놀이인 셈이다.

설날 밤에는 아이들로 하여금 신발을 감추어두게 하는 금기도 있었는데, 흔히 '야광귀신 쫓기'라 일컬어지는 이 풍속은 오늘날 일부 지역에서만 전해진다. 또 대개는 설에 베풀어지지만 어떤 지역에서는 대보름의 풍속으로 이어지기도 했다. 『동국세시기』에는 다음과 같이 나와 있다.

속설에 야광夜光이란 귀신이 있다고 한다. 이 귀신이 이날[설날] 밤 인가에 내려와 아이들의 신을 두루 신어보고 발에 맞으면 곧 신고 가버린다. 그러면 신을 잃은 주인에게 좋지 않은 일이 생긴다고 한다. 그래서 아이들이 이 귀신을 두려워하여 모두 신을 감추고 불을 끄고 잔다. 그리고 체를 마루 벽이나 뜰에다 걸어둔다. 그러면 야광신이 와서 체의 구멍을 세느라고 아이들의 신을 훔칠 생각을 잊는다. 그러다가 닭이 울면 도망가버린다. '야광'이 어떤 귀신인지는 잘 모르겠으나 혹 약왕藥王의 음이 변한 것이 아닌가 한다. 약왕의 형상이 몹시 추해 아이들을 두렵게 할 만하므로 그렇게 생각했던 것 같다.

야광이라는 귀신의 생김새가 어떤지, 또 어디서 유래한 것인지는 분명치 않다고 했다. 그렇지만 밤에 인가를 찾아와 아이의 신을 훔쳐 신고 가버림으로써 액운을 끼친다고 했으니, 방비해야 할 존재임은 분명하다. 그 방법은 두 가지인데, 하나는 신을 감춰서 훔쳐갈 수 없도록 하는 것이며 다른 하나는 눈이 많은 체를 걸어두어 야광귀신이 엉뚱한 곳에 정신을 팔게 하는 것이다. 지역에 따라 신발이 아닌 아이의 옷을 입고 간다는 식으로 바뀌거나 귀신이 할멈의 형상으로 탈바꿈하기도 한다는데, 오늘날에는 쉽게 찾아볼 수 없는 풍속인 듯하다.

한편 『세시풍요』에서는 "신도神荼와 울루鬱壘가 항상 꾸짖으며 막기 때문에" 귀신이 신발을 훔칠 수 없다는 구절이 보이는데, 이는 악귀를 쫓는 부적인 '도부桃符'의 풍속을 야광신 풍속과 함께 그려놓은 것으로 짐작된다. 신도와 울루는 악귀를 막는 귀신의 이름으로, 이들을 그리거나 새긴 도부는 현재 우리나라에서는 중국과는 달리 그리 쉽게 찾아볼 수 없다.

수세의 관습이 지금도 계승되고 야광귀신 쫓기가 점차 사라져가는 풍속이라면, 인일人日의 인승人勝은 이미 사라진 풍속이라고 해야 할 것이다. 인일은 정월 7일이며, 인승은 사람 모양의 장식품이다. 고려 때는 인일을 맞으면 왕이 인승과 녹패를 내려주었다고 하는데, 이규보의 시 가운데 「인일에 은승을 받고人日受銀勝」가 있어서 당시 상당한 의미를 지닌 풍속이었음을 알 수 있다. 조선에 들어와서도 각신閣臣들에게 동인승銅人勝을 나눠주던 일이 있었다는 기록이 전하는데, 이 동인승은 작고 둥근 거울 같은 모양에 자루를 달고 신선을 새겨넣은 것이라고 한다.

쥐불놀이, 알듯 모를 듯한 유래

지금은 정책적으로 금지하거나 제한적으로만 허용하는 놀이도 있는데, 쥐불놀이가 대표적인 예다. 보통 논둑이나 밭둑에 불을 놓던 것이 한국전쟁 이후로는 빈 깡통에다 불씨를 담아서 빙빙 돌리는, 재주를 부리는 놀이로 바뀌기도 했다. 또 놀이 자체가 마을 간의 경쟁으로 이어지기도 했는데, 어느 마을의 불길이 더 센지 혹은 어느 마을에서 더 빨리 불길을 잡는지에 따라 길흉을 점치기도 했다. 그 출발은 농경사회의 관습에서 비롯된 듯하지만, 그 기원이나 유래를 정확히 짐작하기 어려울 만큼 다양한 변이를 나타내고 있다.

그런데 세시기에 따르면 이 쥐불놀이는 궁중 행사에서 유래한 듯도 하다. 다음은 『경도잡지』에 기록된 정월의 풍속 가운데 한 부분이다.

> 정월의 첫 번째 해일上亥日을 돼지날, 첫 번째 자일上子日을 쥐날이라고 한다. 조선 왕조의 오래된 행사 가운데에는 궁중의 젊은 환관 수백 명이 줄지어 횃불을 땅에 끌면서 "돼지 그슬리자, 쥐를 그슬리자" 하고 외치며 돌아다니는 풍속이 있었다. 임금은 태운 곡식을 주머니에 넣어 이것을 재상과 가까이 모시는 신하들에게 내려주며 풍년을 기원하는 뜻을 표했는데, 폐지되었다가 지금 임금[정조]께서 왕위에 올라 이 옛 제도를 복구하여 다시 주머니를 하사하였다. 주머니는 비단으로 만들었는데, 돼지주머니는 둥글고 쥐주머니는 길게 했다. 쥐날에 민간閻巷에서는 콩을 볶으면서 "쥐 주둥이 태우자" "쥐 주둥이 태우자" 하고 주문을 외운다.

놀이나 행사에 부분적이나마 불을 사용한다는 점, 그리고 그 목적이 풍년을 기원하는 데 있다는 점은 오늘날의 쥐불놀이와 비슷하지만, 그렇다고 완전히 같은 놀이라고 말하기는 어려울 듯하다. 불을 놓는 것이 궁중의 풍속으로 묘사된 점이 일차적인 이유가 될 텐데, 『동국세시기』에는 "호서 지방 풍속에는 사람들이 떼를 지어 횃불을 사르는데, 이를 쥐불태우기燻鼠火라고 한다"는 구

「일월십이지도」, 75.0×84.5cm, 20세기 전반, 온양민속박물관. 쥐불놀이는 자子로부터 해亥까지 1년 내내 복이 불 일듯이 일어나기를 바라던 데서 기원했다고 설명되기도 한다.

절이 있으니 이를 근거로 궁중에만 한정된 풍속은 아니라고 할 수
있다. 요컨대 조선 초기 또는 그 이전부터 쥐날에 불을 놓는 세시
풍속이 있었으며 궁중과 민간에 조금씩 다른 양상으로 이어져왔
다고 볼 수 있다.

　다만 세시기에서 쥐날과 돼지날을 함께 거론한 점은 여전히 주
목을 요한다. 오늘날에는 쥐불놀이의 목적을 쥐 또는 논밭의 해

놀이로 본
조선
180

충을 없애거나 새싹의 왕성한 성장을 기원하는 등 농경과 직접적으로 관련된 것으로 이해하곤 하는데, 이런 방식으로는 돼지날까지 연관 짓는 이유가 무엇인지 설명하기 어렵기 때문이다. 궁중에서 비단주머니를 돼지날과 쥐날에 하사했다는 풍속만을 서술한 『열양세시기』에서 언급한 속설 한 가지가 어쩌면 해석의 단서가 될 법도 하다. 십이지十二支는 '자子'로 시작해 '해亥'로 끝맺는다는 점에 착안해 한 해 동안의 복을 주머니에 담는다는 뜻이라고 했는데, 이런 시각은 쥐불놀이의 유래에 대한 설명에도 적용해볼 만하다. 즉 농사에 해를 끼치는 쥐나 해충을 없앤다는 목적 외에 "돼지날부터 쥐날까지" 1년 내내 복이 활활 일어나기를 기원하려는 목적 또한 있었다고 해도 그럴듯하다. 물론 그 기원은 여전히 확언하기 어렵지만 말이다.

석전, 금지할 것인가 장려할 것인가

삼문三門(숭례문, 돈의문, 소의문) 밖의 주민과 아현阿峴 사람들이 만리동 고개에서 돌을 던지며 서로 싸웠는데, 속설에 삼문 밖 편이 이기면 경기 일대에 풍년이 들고 아현 편이 이기면 팔도에 풍년이 든다고 한다. 용산과 마포에 사는 불량소년들은 패를 지어 와서 아현 편을 도왔다. 바야흐로 싸움이 한창 심해지면 고함소리가 땅을 흔들 정도가 되며 이마가 터지고 팔이 부러져도 후회하지 않는다. 관에서 가끔 이를 금하는 조치를 취하기도 했다. 성안의 아이들도 이를 모방하곤 했으며, 행인들이 모두 돌에 맞을까 무서워 피해 돌아간다.

『경도잡지』에 정월 대보름의 풍속으로 기록한 '석전石戰'의 모습이다. 이마가 터지고 팔이 부러지는 사람이 있어도 멈추지 않는다고 했으니, 이 편싸움이 얼마나 치열하게 벌어졌는지 짐작할 수 있다. 사실 석전은 구한말 한반도를 찾은 외국인들의 눈에 "가장 이상한 오락의 하나"로 비칠 정도였으며, 또 관청에서 거듭 금하려고 할 만큼 위험한 놀이였다. 풍년과 흉년, 즉 공동체의 길흉을 점치는 행사라는 의의를 강조한다 해도 오늘날의 관점으로 보면 지나친 면이 있다.

그런데 이 편싸움은 그 유래가 상당히 오래되었다. 그리고 그 아래에는 일종의 전통적인 상무정신尙武精神이 흐르고 있다고 평가되기도 한다. 장지연의 『만국사물기원역사』에 기록된 내용을 잠시 살펴보자.

『여지승람輿地勝覽』에서는 "김해와 안동에서는 매년 4월 8일부터 5월 5일에 이르기까지 아이들이 무리지어 모여서 성 남쪽에서 석전을 시작하는데, 장정이 모두 모이면 좌우로 편을 갈라 깃발을 세우고 북을 울리며 뛰고 소리 지르면서 비가 쏟아지듯 돌을 던진다. 비록 죽거나 다치는 사람이 생기더라도 후회하지 않음에, 수령이 금하지 못한다"고 하였으니, 아마도 그 유래가 이미 오래되었을 것이다. 신라 때로부터 처음 나타났는데, 중국의 이른바 투석초거投石超距의 유희가 곧 이것이다. 『당서唐書』〔『수서隋書』의 잘못임〕 고구려전高句麗傳에서는 "해마다 연초에 패수浿水가에 모여서 돌을 던지고 물을 뿌리면서 쫓고 쫓기는 것으로 유희를 삼는다"고 하였으니, 이것이 곧 석전의 시초다. 우리 조선 중종 경오년庚午年 이후로는 매년 서울에서도 석전이 성행했다.

『신증동국여지승람』에는 안동과 김해의 석전에 대한 기록이 남아 있다. 그런데 이에 따르면 두 지역에서는 각기 다른 시기에 석전이 벌어졌다고 해야 옳다. 사실 장지연이 인용한 것은 김해의 석전에 대한 기록에 가까우며, 안동에서는 정월 16일에 벌어졌다고 전한다. 『신증동국여지승람』 김해 항목에는 여기서 인용한 구절 뒤에 그 쓰임새에 대한 설명이 덧붙여져 있는데, 이 부분은 유래 또는 풍속의 존재 이유로서 유의해서 볼 만하다. 즉 "경오년에 왜적을 정벌할 때 돌을 잘 던지는 자를 선봉으로 삼았더니, 적병이 앞으로 나아오지 못하였다"고 했는데, 여기서의 경오년은 곧 중종 경오년(1510)으로 '삼포왜란'이 일어난 때를 가리킨다. 요컨대 전쟁에 대비한 놀이라는 말인데, 이는 석전을 유지해야 한다는 주장의 명분이 될 수 있었을 것이다.

장지연이 언급한 '투석초거'는 중국 군대에서 무예를 닦기 위해 했던 유희다. 이를 석전의 기원과 연관시킨 것은 곧 신라나 고구려에서부터 무예를 닦기 위한 유희로 활용되었음을 밝히려는 듯하다. 중종 경오년 이후 서울에서 석전이 성행했다는 기록의 근거가 무엇인지는 분명치 않은데, 이 또한 삼포왜란의 경험으로부터 조선시대에 성행한 이유를 찾았으니 그 기원을 전통적인 무예 또는 상무정신에서 찾으려 한 흔적으로 이해할 수 있다.

돌을 던지면서 하던 편싸움의 광경은 오늘날 더 이상 찾아보기 어렵다. 강제 병합 이후 총독부에서 이를 금지했기 때문이다. 이 과정에서 석전은 공공질서를 위협하는 놀이로 규정되고 인식되었을 것이다. 오늘날의 관점에서는 위험성 있고 따라서 재현하는 것도 쉽지 않지만 그 기원이나 명분에 대해선 생각해볼 만한 가치가 있다.

題詠

本朝

郡山水盤迴作一鄉　李知命詩云　洪方詩云
山形北控羅都去　帶雨新荷

疊水凉　徐居正詩云　水
郭山高多蓉露　麗客產查風紅

仁　父早死爲祖父韓第一依
鄭氏　盧菴墓三年人甘敬照

鄭宗文　父母過禮居廬三年新寧鹽路柳惠至臺也喪門間
閭居廬爲父母後

　　　　鄭尚
　　　　烈文

新增東國輿地勝覽卷之二十四

安東大都護府
東至眞寶縣界六十五里
至青松府界六十六里南
至義城縣界四十里西至醴
三十二里郡界四十二里
三百五十四里

建置沿革
本新羅古阤耶郡景德王改古
昌郡高麗太祖與後百濟王甄萱戰於
郡地敗之郡人金宣平幸張吉佐太
祖有功拜宣平爲大匡幸吉各爲大相

因陸郡爲府而政今名後政求嘉郡成
宗稱吉州刺史顯宗政安撫使又政知
吉州事後復爲安東府明宗時南賊金
三孝心等副掠州郡遣師討平之以府
有功陸都護府神宗時東京夜別抄
李佐等聚衆叛以府有捍禦功陸爲大
都護府忠烈王政福州牧恭愍王避紅
賊南巡留駐以州人盡心供頓復陸爲

安東大都護府本朝因之
世祖時置鎮以府使兼兵馬節度副使未
幾罷副使　屬縣臨河縣在府西三十三里本新羅
豐山縣本新羅下枝縣景
初改德初改

初改景德王改名
後改
明後改
　吉安縣屬時高麗忠惠王陸爲
屬時來　甘泉縣　奈城縣

윷놀이, 두 가지 쓰임새를 지닌 놀이

전래의 민속놀이 가운데 오늘날에도 가장 널리 행해지는 것으로는 윷놀이가 있다. 명절날 모인 이들이 모두 동참해 친목을 다질 수 있고, 때론 긴장감이 넘치는 가운데 치러지는 시합의 의미를 지닌다. 연령이나 성별 구분 없이 여러 사람이 함께 몰입하는 놀이인 것이다.

세시기에서도 윷놀이는 중요한 놀이로 언급된다. 제석除夕, 즉 섣달그믐 날의 풍속에 포함시킨 『동국세시기』의 내용을 살펴보자.

> 붉은 싸리나무 두 토막을 반으로 쪼개서 네 쪽으로 만든 것을 일러 '윷栖'이라 한다. 길이는 세 치 정도로 만드는데, 때로는 콩만큼 작게 만들기도 한다. 이를 던져서 내기하는 것을 '윷놀이栖戲'라고 한다. 네 쪽이 엎어지면 모, 네 쪽이 다 잦혀지면 윷, 셋이 엎어지고 하나가 잦혀지면 도, 둘이 엎어지고 둘이 잦혀지면 개, 하나가 엎어지고 셋이 잦혀지면 걸이라고 한다. 놀이판에는 29개의 동그라미를 그리고, 두 사람이 마주 앉아 던지되 각기 네 개의 말을 사용한다. (…) 계속에 섣달그믐과 설날에 윷을 던져서 괘卦를 얻어 새해의 길흉을 점치는데, 그 방법은 64개의 괘로 나누어 각기 요사繇辭[점괘를 설명하는 말]를 두는 것이다. 대개 세 번을 던진다.

밤윷과 긴윷, 그리고 오늘날의 윷판과 말을 떠올리면 앞부분의 내용은 쉽게 이해된다. 두 사람이라고 했지만, 윷을 던지는 사람과 말을 옮기는 사람 등의 역할을 나누면 두 편이라고 고쳐 말할

栖 賭

「도사賭栖」, 김준근, 27.0×19.5cm, 조선 말기, 청계천문화관.

수 있다. 또 둘 이상의 편을 만들어서 놀이하는 방법도 쉽게 생각할 수 있다.

이에 비해 뒷부분의 내용은 아마 대부분의 현대인에게는 낯선 광경일 것이다. 오늘날에도 카드 등을 이용해 점을 치는 일이 있으니 놀이의 도구인 윷으로 점을 친다는 발상이야 낯설지 않겠지만, 그렇다 해도 실제로 이를 지켜본 적이 있는 사람은 드물 것이다. 이처럼 윷을 이용한 점은 당시 사람들이 관심을 가졌던 일인 듯한데, 『경도잡지』에서 이미 64괘의 요사를 모두 소개한 데서 이를 짐작할 수 있다. 점치는 방법은 세 번 윷을 던져 순서대로 얻은 점수를 요사와 대비하는 것이니, 예컨대 각기 도, 도, 개를 얻었다면 '이履'괘에 해당돼 "쥐가 창고에 들어간다鼠入倉中"는 요사를 얻는 식이다.

『세시풍요』에서는 윷놀이를 묘사한 시 두 편을 실었는데, 각기 점치는 일과 놀이(내기)하는 일을 그리고 있다. 다음은 점치는 장면을 읊은 것이다.

규방에서 윷을 던져 길흉을 점치너	擲柶閨房占吉凶
옷깃을 여미고 중얼중얼 축원하네.	喃喃呪語斂儀容
올해는 신수 대통을 징험할 것이너	大通身數今年驗
첫째 효로 수룡水龍을 얻었기 때문이네.	第一爻拈得水龍

옷깃을 여미고 경건하게 윷을 던지는 장면, 그리고 좋은 점괘를 얻어 한 해 운수가 대통할 것이라는 기대감에 기뻐하는 모습이 눈앞에 그려진다. 특별한 효과가 있을지는 미지수이지만, 오늘날에

도 한 해 운수가 좋게 나왔다고 하면 싫어할 사람은 없을 터이니 그런 점은 마찬가지가 아닐까 한다.

사실 윷의 기원에 대해서는 보통 원래 점복占卜 도구였다가 뒤에 놀이 도구가 되었다고 설명한다. 『만국사물기원역사』에서도 무당의 점복에서 나왔다거나 사묘祠廟에서 쐐기를 던져 1년의 길흉을 점치던 데서 기원했다는 등의 설명을 달고 있으니, 적어도 조선시대에는 점복 도구로서의 기원설이 우세했을 것이다. 그렇지만 윷놀이 자체가 생명력을 잃지 않고 오늘날까지 이어진 주된 원인은 승부를 겨루는 놀이로서 또 때로는 내기의 한 방법이었다는 데서 찾아야 할 듯하다. 『세시풍요』에서 놀이로서의 윷을 묘사할 때 온 집안이 떠들썩해진 광경을 그려낸 것이 그 단서가 될 만하다. 또 세시기 가운데에는 대보름 이후 윷을 감춰두어서 농사에 방해가 되는 것을 막았다는 말도 있는데, 이 또한 윷놀이가 지닌 생명력을 설명하는 단서가 될 듯하다.

여성의 놀이, 널뛰기와 그네의 기원

조선시대 여성들의 놀이 가운데 오늘날까지 전승되는 것으로는 널뛰기와 그네가 있다. 널뛰기는 설날 전후에, 그네는 단오 전후에 널리 성행했다고 기록되어 있는데, 그렇다고 설날이나 단오와 연관된 특별한 의미를 지닌 놀이라고 하기는 어려울 것 같다. 우선 널뛰기에 대한 세시기의 기록을 보자.

널뛰기.

여항閭巷의 여성들은 흰 널조각을 짚단 위에 올려놓고 그 널빤지 양 끝에 마주 서서 뛰는데, 뛰어오르기를 몇 자까지 한다. 장식한 패물 울리는 소리가 쟁쟁하고 지쳐 쓰러질 때까지 즐기는데, 이를 일러 널뛰기超板戱라 한다. 살펴건대 청나라 사람 주황周煌이 쓴 『유구국지략琉球國志略』에 "그곳 부녀들은 널빤지 위에서 춤을 추는데 이를 판무라고 한다"고 하였으니, 우리의 널뛰기는 이와 유사한 듯하다. 조선 초에 유구국에서 입조入朝할 때 누군가가 우리 것을 보고 좋아서 따라 한 것은 아닐까.

『경도잡지』에 설날 풍속으로 기록된 것인데, 『동국세시기』에서는 비슷한 내용을 섣달그믐의 풍속으로 전하고 있다. 섣달그믐 무렵부터 설날까지 행해지던 풍속이니 둘 다 잘못된 내용은 아니다. 유구국의 사신이 조선의 널뛰기를 보고 모방해 자기 나라에 보급한 것은 아닐까 하고 추정하는 부분이 흥미로운데, 사실이 그러한지는 알 수 없다.

널뛰기의 기원과 관련해서는 집 안에서 생활하던 여성이 담 밖을 지나는 남성의 모습을 지켜보기 위해 만든 놀이라는 이야기가 널리 퍼져 있는데, 이 또한 그 정확한 진위는 알기 어렵다. 조재삼의 『송남잡지』에는 양귀비가 안녹산의 모습을 보고 싶어 이 놀이를 만들었다는 이야기가 전하는데, 구체적인 인명을 거론하긴 했지만 규중의 여성이 법도를 어기지 않으면서 남성의 모습을 보기 위해 고안했다는 설명 틀은 여느 이야기와 크게 다르지 않다.

그네는 단오의 풍속으로 흔히 알려져 있는데, 원래는 그렇지 않았던 모양이다. 『동국세시기』에서 그 내용을 잠시 살펴보자.

여항에서는 남녀가 그네뛰기를 많이 한다. 살피건대 『고금예술도古今藝術圖』에는 북방 오랑캐들이 한식

『송남잡지』, 조재삼, 규장각한국학연구원.

날 그네뛰기를 하며 가볍게 뛰어오르는 연습을 하는 그림이 있는데, 후에 중국 여자들이 이를 배운 것 같다. 또 『천보유사天寶遺事』에서는 "궁중에서 한식 때가 되면 다투어 그네를 매는데, 이것을 반선놀이半仙之戲라 한다"고 했다. 지금은 이것이 단오로 옮겨졌다.

여기서는 그네가 원래 북방 오랑캐들이 민첩함을 기르기 위해 하던 놀이에서 유래했다는 견해를 제시했다. 또 중국으로 전래되면서 한식날의 놀이로 굳어졌고, 다시 단오의 풍속으로 옮겨졌다고 했다. 여성만의 놀이가 아니라 남녀가 즐기던 놀이라고 서술한 대목도 눈여겨볼 만하다. 사실 『고려사』에서도 이미 최충헌이나

남성들이 3층 그네를 타는 모습이다.

우왕禑王이 그네뛰기를 한 일이 기록되어 있고 「한림별곡」에서 그
네뛰기를 소재로 삼기도 했으니, 원래 여성만의 놀이는 아니었을
것이다. 오늘날처럼 주로 여성이 하는 놀이가 된 것이 언제부터인
지는 분명하지 않다. 한편 『열양세시기』에서는 서울과 향촌 모두
그네를 뛰며 관서 지방에서 가장 성행한다는 기록도 보이는데, 젊
은 사람年少者의 놀이라는 점이 더 강조된 면이 있다.

공동체에서 마련하는 세시풍속,
그리고 현대의 세시풍속

어떤 놀이가 특정 시점에 베풀어지는 데에는 나름의 이유가 있
다. 물론 그 이유를 속속들이 알긴 어렵지만, 농경사회의 성격과
그 문화의 특징적 요소들을 고려하면 어느 정도의 해석은 가능하
다. 예컨대 유사한 풍속이 중국과 우리나라에서 각기 다른 시기에
베풀어진다면, 기후나 절기의 차이에서 그 이유를 찾을 수 있을
것이다.

그런데 줄다리기는 같은 나라 안에서도 베풀어지는 때가 상당히
달라 다른 방식의 이해가 필요하지는 않을지 생각해볼 만하다.

충청도 풍속에는 횃불싸움炬戰이 있다. 또 편을 갈라 동아줄을 서로
잡아당기기도 하는데, 상대에게 끌려가지 않는 편이 이긴다. 이것으
로 풍년을 점치니, 곧 옛날의 결하희(결하는 중국의 강 이름)와 같다. 경
기 지방에도 이런 풍속이 있으며, 승려들도 이런 놀이를 한다.

제주도 풍속에 매년 8월 보름날에 남녀가 함께 모여 노래 부르고 춤
을 추는데, 좌우로 편을 갈라 커다란 동아줄의 양쪽을 서로 잡아당겨
승부를 겨룬다. 이때 줄이 만약 중간에서 끊어져 양편이 모두 땅에 엎
어지면 구경꾼들이 크게 웃는다. 이를 줄다리기照里之戱라고 한다.

둘 모두 『동국세시기』의 내용이며, 원래 『여지승람』에 있는 것
을 옮겨왔다. 그런데 앞의 것은 정월 대보름의 풍속인 반면, 뒤의

시골 학교에서 줄다리기를 즐기는 모습이다.

것은 8월 보름의 풍속으로 기록되어 있다. 구체적인 놀이 방법의 묘사에도 약간 다른 점이 있지만, 시기 차이는 더욱 눈여겨볼 만하다. 줄다리기는 대개 정월 대보름의 풍속으로 알려져 있는데, 이 경우는 풍년을 비는 농경의식에서부터 그 유래를 찾아내는 것이 자연스럽다. 1년의 농사를 시작하는 시점에 풍흉을 점치고 풍년을 기원하는 것이 마땅해 보이기 때문이다.

그렇지만 줄다리기라는 놀이 자체를 두고 볼 때, 많은 사람이 모이기만 한다면 특별히 어떤 시점에 해야 할 이유가 없어 보이기도 한다. 제주도에서 8월 보름 즉 한가위에 줄다리기를 하는 데에는 물론 특별한 이유가 있겠지만, 그렇다고 정월 대보름에 해야 옳다고 말하기도 어렵다. 실제로 동래 지방에서는 단오에, 그리고 전라도 서해안 지방에서는 2월 초에 줄다리기를 한다고 알려져 있다. 또 오늘날에는 삼일절 기념행사로 베푸는 지역도 있으니, 공동체에서 그 시기를 정하고 나름의 의미를 부여하는 셈이다.

그리고 보면 오늘날 각종 기념일에서도 그에 맞는 세시풍속이 나타나지 말라는 법은 없지 않은가. 어쩌면 지금 이 순간에도 우리 스스로 공식·비공식으로 다양한 세시풍속을 만들어가고 있는지도 모른다. 그것이 어떤 의미를 지닐지 또 세시풍속이라고 할 만큼 오랫동안 지속될 수 있을지 생각해보는 것도 흥미로우리라. 과거의 놀이를 재현하는 것도 의미 있는 일이지만, 오늘날의 우리가 만들어가는 풍속의 의미를 되새겨보는 것도 그 이상으로 의미 있는 일이기 때문이다.

8장

일본의 놀이, 그 화려한
도안들이 펼쳐내는 세계

◉

근대 한국에 들어온 놀이 문화

김시덕

　인간의 역사가 시작된 뒤로 세상에서 '놀이'는 인간의 가장 근원적인 본능 중 하나로 행해져왔다. 그뿐인가? 남이 재미있는 것을 하면 따라하고 싶은 법이라 인간 집단은 이웃 집단의 놀이를 서로 배우며 즐겼다. 인도에서 생겨난 장기와 중국의 장기가 전 세계로 퍼진 것은 유명하며, 우리 윷놀이가 고대 일본에 전래된 사실도 『일본의 만요슈萬葉集』라는 문헌학적 연구에 의해 밝혀졌다. 또 조선 말기에서 오늘날에 이르는 100여 년 동안은 일본의 전통 놀이나 여타 외국에서 일본에 전래되어 정착된 놀이가 우리나라로 전해졌다. 주사위 놀이부터 딱지와 같은 종이 놀이, 화투에 이르기까지 21세기의 한국인들도 여전히 이들 놀이를 즐긴다. 이러한 놀이를 "왜색"이라 하여 배척할 사람도 있겠지만, 이것들을 모두 거부한다면 현대 한국의 놀이 문화는 매우 빈약해질 것이다. 또래의 여느 사람들과 마찬가지로 어릴 때 우리 고유의 윷놀이와 일본에서 전해진 딱지놀이를 모두 즐긴 필자로서는 참으로 서운한 일이기도 할 터이다. 물론 400여 년 전 유럽에서 일본으로 전해진 카드가 일본적인 디자인과 규칙을 띤 화투로 바뀌고, 100여 년 전

일본에서 전해진 화투의 규칙이 현대 한국에서 눈부시게 진화하는 모습을 보면, 놀이란 몇몇 사람이 없애려 해도 재미있으면 살아남을 터이니 안심이 된다. 카드놀이부터 스마트폰 게임까지, 놀이는 언제나 삶에서 빼놓을 수 없는 중요한 부분이다. 이 글에서는 특히 일본에서 온 몇몇 놀이의 기원을 추적해보았다. 탐구 대상을 일본 기원의 놀이로 정한 것은 어디까지나 필자가 가장 잘 찾을 수 있는 것이 일본 문화사이기 때문이다. 그 추적은 불완전할 수 있지만, 좋아하는 놀이들의 기원을 찾는 여행은 꽤나 소소한 즐거움을 안겨줄 것이다.

'왜색'의 형성: 17~19세기 일본의 우키요에

20세기 이후 우리에게 소개된 일본의 각종 놀이에서 우리가 흔히 '왜색'이라고 하는 "쨍한" 삽화와 색감을 이해하려면 17~19세기 근세 일본의 채색 인쇄 역사를 살펴볼 필요가 있다. 결론부터 말하자면, 17세기부터 발달하기 시작한 근세 일본의 풍속화인 우키요에浮世繪나 책에 수록된 삽화는 19세기에 이르러 염가의 종이 장난감에 응용되어 서민층에 널리 보급되었다. 이것이 식민 통치와 함께 우리나라로 흘러들었고, 광복 후에도 문화적 번안 과정을 거쳐 여러 형태로 들어온 것이다.

우키요에의 발생기는 17세기 중반까지로, 이 시기에는 목판이 아닌 육필화가 제작·유통되었다. 이후 18세기 중반까지 이어지는 우키요에 역사의 초기를 보면 첫 단계에서는 육필화와 단색 인쇄의 스미즈리에墨摺繪가 주류였다가 히시카와 모로노부菱川師宣, 도리이 기요노부鳥居清信 등이 등장하면서 스미즈리에를 찍은 뒤 붓으로 채색하는 방식이 등장했다. 이를 단에丹繪, 베니에紅繪 등으로 부른다. 이로부터 두 가지 이상의 색을 인쇄하는 베니즈리에紅摺繪가 생겨난다.

18세기 중반부터 19세기 초반까지는 중기에 해당되는데, 스즈키 하루노부鈴木春信가 다색 인쇄 그림을 제작하면서 우키요에의 제작 판매가 본격화되었다. 중성적이고 인형 같은 그림을 그리던 하루노부가 죽은 뒤에는 기타오 시게마사北尾重政 등의 사실적인 미인화 및 브로마이드풍의 가부키 배우 그림役者繪이 유행했다. 이후 기타가와 우타마로喜多川歌麿, 도슈사이 샤라쿠東洲齋寫樂, 우타가와 도요쿠니歌川豊國 등이 활약했다.

19세기 중반까지 이어지는 후기에는 우타마로 사후에 게이사이 에이센溪齋英泉의 관능적인 미인화가 유행하는 한편, 가쓰시카 호쿠사이葛飾北齋의『후지산 삼십육경富嶽三十六景』, 초대 우타가와 히로시게歌川廣重의『명소 에도 백경名所江戶百景』, 2대 우타가와 히로시게의『삼십육화선三十六花撰』등의 풍경화가 인기를 끌었다. 우타가와 구니요시歌川國芳 등은『삼국지』『수호전』등의 중국 장편백화 소설을 테마로 한 인물화를 유행시켰다. 그전까지 인기를 끌던 전국시대 및 임진왜란과 같은 소재가 막부의 검열로 금지된 까닭에 외국 소재를 택한 것이다.

20세기 초까지 이어지는 우키요에의 종말기에는 서구에서 수입된 물감을 이용한 "쨍한" 느낌의 우키요에가 제작되었다. 그림 1이 제작된 시기는 정확하진 않지만 에도시대 말기에서 메이지 시대

그림

초기 사이가 아닐까 짐작된다. 교토 및 오사카를 중심으로 한 지역에 산재한 33곳의 영험한 관음보살 사찰을 묶어서 순례하는 서국삼십삼소西國三十三所 순례가 전근대 일본에서 널리 행해졌는데, 그 가운데 스물세 번째 사찰인 가쓰오 사勝尾寺의 관음보살 영험담을 우키요에로 나타낸 판화다. 백제국 왕비의 검은 머리카락이 어느 날 갑자기 하얗게 새어버렸는데, 왕비가 동쪽 일본에 영험한 관음보살님이 있다는 소식을 전해 듣고는 동쪽을 향해 기원하자 머리카락이 다시 칠흑같이 검어져서 국왕의 사랑을 되찾았다는 내용을 담고 있다. 이 절은 우리나라와 관계가 깊은 까닭에 우리와 치른 전쟁을 테마로 1761년에 「게이세이 가쓰오 사傾城勝尾寺」라는 연극을 상연하기도 했다.

한편 우키요에의 종말기에는 전통적인 소재 말고도 메이지유신 이후의 근대 문물을 반영한 그림이 유행했다. 쓰키오카 요시토시月岡芳年는 사생적인 역사화 및 풍속화를 그려 "최후의 우키요에 화가"라 불린다. 우타가와 요시후지歌川芳藤는 어린아이를 위한 장난감 그림인 오모차에玩具繪를 잘 그렸다. 바로 이 오모차에가 일본 "제국" 내에서 유행한 각종 종이 장난감의 근원이 되며, 이 시기 일본의 식민지가 된 우리나라에서도 이들 놀이가 성행해 오늘날까지 이른다.

종이 놀이, 그 화려한 그림 속에 담긴 역사의 면면

우타가와 요시후지 등이 제작한 오모차에의 한 흐름은 딱지치기인 멘코面子, 풀붙이기 놀이인 다테반코立版古, 옷 갈아입히기 놀이인 기세카에닝교着せかえ人形 등의 종이 놀이로 이어진다.

・딱지

멘코는 우리가 즐기는 딱지치기의 원형으로, 근대 일본에서는 원형의 마루멘코丸メンコ 외에 직사각형의 시오리멘코栞面子도 있었다. 멘코라는 게임이 대결 형태이다보니 그 내용도 전쟁에 관한 것이 많다. 그림 2는 전근대 일본에서 가장 유명한 장군들이 그려진 메이지 시대의 마루멘코다. 위의 두 사람은 고대 일본의 비극적 영

그림 2_ 메이지 시대의 마루멘코, 개인.　　　　　　　　　　그림 3_ 메이지 시대의 마루멘코.

웅으로 일본인들의 동정을 모아온 진제이 하치로鎭西八郎, 미나모
토노 다메토모源爲朝와 미나모토노 요시쓰네源義經이고, 아래는
전국시대의 라이벌인 다케다 신겐武田信玄과 우에스기 겐신上杉謙信

그림 4_ 베트남 전쟁을 주제로 한 딱지.

이다. 그림 3은 근대 역사를 주제로 한 마루멘코로, 오른쪽에는 대한제국에서 활동하는 일본인을 모델로 한 듯한 사람이 그려져 있다. 이런 놀이가 일제강점기 이후 우리나라에서 딱지놀이로 정착해 그림 4와 같이 베트남 전쟁을 테마로 한 딱지가 만들어지기도 했다.

· 옷 갈아입히기 놀이

종이에 인쇄된 사람이나 옷 등을 잘라서 노는 기세카에닝교도 전근대 일본에서 시작된 것으로 보이는데, 메이지 시대가 되면 멘코처럼 전통적인 소재 외에 근대 문물도 즐겨 쓰는 소재가 되었다. 그림 5는 1896년에 제작된 기세카에닝교로, 청일전쟁(1894~1895) 직후의 군국주의적 분위기를 노골적으로 드러내고 있다. 그림 6은 현대 한국에서 제작된 옷 갈아입히기 그림이다.

그림 5_ 1896년의 기세카에닝교 오모차에, 개인. 그림 6_ 현대 한국의 옷 갈아입히기 그림.

・풀 붙이기 놀이

　한편 그림을 오려서 노는 놀이의 일종으로 전근대 일본에서는 다테반코, 즉 풀 붙이기 놀이가 있었다. 기세카에닌교와 달리 종잇조각에 풀을 붙이면 입체가 되기 때문에 가부키 연극 무대와 같은 스펙터클한 장면을 재현해서 인기를 끌었다. 그림 7은 임진왜란(1592~1598) 이후 일본의 패권을 두고 도쿠가와 이에야스의 동군東軍과 이시다 미쓰나리의 서군西軍이 충돌한 1600년의 세키가하라 전투를 재현한 것으로, 제일 위의 종이에 그려진 조각들을 잘라내 두 번째 종이의 배경 위에 붙이면 세 번째 그림처럼 입체적인 전투 장면이 만들어진다.

주사위 놀이, 국가별로 나타난 놀이의 목적

・말판 놀이

종이를 가지고 노는 또 하나의 형

그림 7_ 현대 일본의 다테반코.

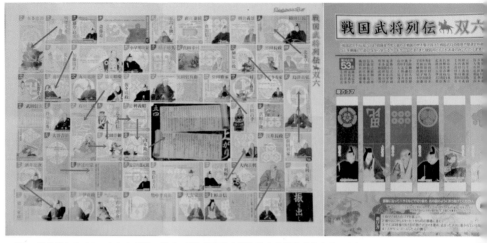

그림 8_ 현대 일본의 에스고로쿠. 오른쪽 그림 속 여섯 명 장군의 말을 잘라서 왼쪽 말판에서 논다.

태는 주사위 놀이다. 일본에서는 이를 스고로쿠雙六라고 한다. 여기에는 두 가지 형태가 있어서 혼동하기 쉽다. 그중 하나인 반스고로쿠盤雙六는 조선의 쌍륙雙六과 같은 기원을 갖되 이와는 무관하게 발달했다. 반스고로쿠·쌍륙 등은 그 원형으로 생각되는 것이 "우르 왕실 게임", 즉 메소포타미아의 도시국가 우르의 유적에서 발굴되었을 정도로 역사가 깊다. 이는 오늘날의 주사위 놀이와는 갈래가 다르다.

우리가 흔히 떠올리는 주사위 놀이를 가리키는 또 하나의 '스고로쿠'인 에스고로쿠繪雙六는 불교의 가르침을 놀이를 통해 전하는 불법쌍륙仏法雙六 놀이에서 발생했다. 이 불법쌍륙 놀이는 조선의 승경도놀이와 기원이 같은 것으로 짐작되며, 성리학 국가인 조선답게 불교의 가르침을 전파하는 목적을 띤 불법쌍륙이 국가 관료 시스템 학습을 목적으로 한 놀이로 바뀌었다. 한편 불교 국가인 일본에서는 불법쌍륙이 널리 인기를 끌며 잔존했고, 19세기 일본에서 채색 인쇄가 발달하면서 오늘날과 같은 형태의 말판 놀이인 에스고로쿠가 확립되어 여태껏 인기를 끌고 있다. 그림 8은 전국시대의 장군들에 대해 학습할 수 있도록 고안된 에스고로쿠로, 오른쪽 아래에서 시작해(후리다시) 시계 반대 방향으로 돌면서 최종 목표인 가운데(아가리)를 향해 나아간다. 되돌아가라는 명령이나 몇 칸 더 앞으로 나아가라는 명령이 적힌 칸 등이 곳곳에 배치되어 있다.

·모노폴리

한편 20세기 초 미국에서 발생한 유명한 보드게임인 '모노폴리Monopoly'는 일본을 거쳐 오늘날 우리나라의 '브루마블'이 된 것으로 여겨진다. 일각에서는 브루마블이 곧바로 모노폴리에서 유래했다고 설명하지만, 브루마블이라는 게임명 자체가 '지구'를 뜻하는 '블루 마블Blue Marble'의 일본어식 발음이라는 데에서 일본을 거쳐 우리나라에 유입되었음을 짐작할 수 있다. 아마도 모노폴리가 일본에 들어와 일본식 변형을 겪은 뒤 일제강점기 또는 광복 이후에 우리에게 소개된 듯하다. 우리의 브루마블과 비슷한 모노폴리 형식의 주사위 놀이로, 일본에서도 20세기 전반에 '대동아大東亞'와 같은 브루마블 형태의 게임이 성행했다. 이 게임은 제국주의 일본이 정복한 동남아시아 지역을 아동들에게 학습시킬 목적으로 제작되었다. 그림 9의 오른쪽 아래에서 시작해 수마트라スマトラ, 중국 남부南支, 타이泰 등에 도착하면 물산을 구입하고, "위임통치委任統治"에 들어가게 되면 한 번 쉰다. 아래쪽을 모두 통과하면 만

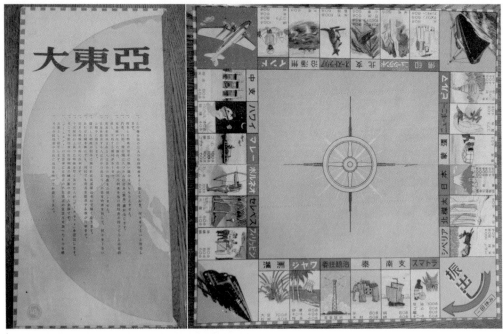

그림 9_ 20세기 전반 일본에서 제작된 주사위 놀이 '대동아', 개인.

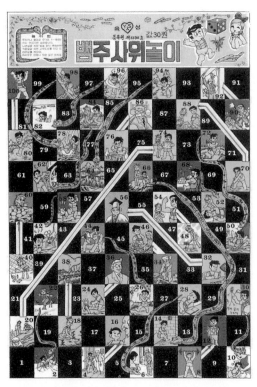

그림 10_ 우리나라의 뱀주사위 놀이.

주국을 달리던 특급 열차 "아시아호アジア號"를 타고, 왼쪽을 모두 통과하면 비행기를 탄다. 당시 한반도의 나남羅南을 경유하는 만주국-일본 간 만주항공滿洲航空의 정기 항공편 등이 운행되고 있었기에, 제국 일본 내의 어린이들에게 항공기는 동경의 대상이되 낯선 존재가 아니었다. 위쪽을 모두 통과하면 시베리아 동해안 각지를 바다로 잇는 배를 타고 이동하며, 오른쪽 가장 끝에는 제국 일본이 호시탐탐 노리던 시베리아가 있다.

참고로 현대에 접어들어 우리나라 어린이들이 많이 가지고 놀던 그림 10의 "뱀주사위 놀이"는 인도에서 탄생한 "뱀과 사다리"이며, 이것이 서구와 일본을 거쳐 우리에게 수입된 것으로 여겨진다.

카드놀이, 이질적 문화들 간의 절묘한 조합

·화투

오늘날 우리나라에서 성행하는 화투花鬪의 직접적인 근원은 일본의 하나후다花札이며, 하나후다의 기원을 또다시 추적하면 16세기에 일본으로 전래된 유럽의 타로다. 타로는 14세기에 맘루크조 이집트에서 들어왔다고 한다. 대항해시대인 16세기에 예수회 선교사들이 카드를 소개했다. 오늘날 일본어에서 '카드'라는 뜻으로 쓰이는 단어 '가루타かるた, 歌留多, 骨牌'는 포르투갈어 'carta'에서 비롯되었다. 유럽의 카드가 일본에 정착한 첫 형태는 '난반카루타 南蠻かるた' 또는 '덴쇼카루타天正カルタ'로서, 48장으로 돼 있었다. 이 카드는 유럽에서 전래된 카드를 구성하는 곤봉·칼·동전·성배의 네 가지 요소로 이루어졌다. 그리고 이 카드를 조금 개량한 그림 11의 "운슨카루타うんすんカルタ"가 규슈 구마모토 현의 히토요시 지역에 현존한다.

그림 11_ 운슨카루타.

에도시대에는 운슨카루타에서 갈라져 나온 '하나후다花札'라 불리는 각종 카드가 일본 각지에서 생겨났다. 이들을 총칭해 '지호후다地方札'라 하며, 웹사이트 '일본의 전통 게임日本の傳統ゲーム'에서는 이것을 크게 세 유형으로 분류한다. 첫째는 4색 덴쇼카루타 계열로, 유럽에서 전래된 카드를 국산화한 덴쇼카루타와 마찬가지로 곤봉·칼·동전·성배의 네 가지 요소를 모두 지니고 있다. 둘째는 단색 덴쇼카루타 계열로, 곤봉·칼·동전·성배의 네 요소 가운데 하나를 특화시킨 것이다. 셋째가 하나카루타 계열로, 일본의 전통적인 열두 달 계절 감각을 도안했다. 이 가운데 하치하치하나八八花 계열이 전국을 석권했으며, 이것이 근대 시기 우리나라에 유입되었다. '슈퍼마리오'로 유명한 닌텐도는 원래 화투 제작업체였으며, 지금도 하나후다 및 서일본 지역에서 인기를 끄는 가부후다株札(그림 12)를 제작·판매하고 있다.

일본에서는 하나후다가 민속놀이로 행해지거나 기자·법조계 등 특수 직종의 사람들만 하는 것으로 범위가 한정된 데 반해, 우리나라에서는 광복 이전에는 상류층이 즐겼고 1960년대에 전국적으로 대중화된 마작을 화투가 1980년대에 밀어내면서 전국적으로 널리 퍼지는 현상을 보였다고 한다('마지막 마작 가게, 경영난 끝에 문 닫았다', 『헤럴드경제』 2014년 2월 27일자 기사). 이것은 광복 후에도 경상도 지역에 일본 문화의 잔존률이 높았으며, 그러한

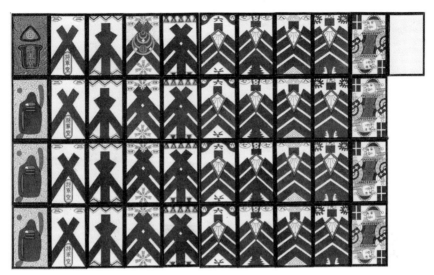

그림 12_ 가부후다株札.

문화적 풍토를 공유하는 신군부 세력이 1980년 정권을 차지하면서 화투 문화를 중앙으로부터 확산시킨 것으로 추정된다.

우리나라 화투의 도안과 색감은 100년 전 일본의 하나후다의 것을 거의 그대로 유지하고 있다. 이는 16세기 이후 프랑스인이 식민지화한 캐나다 퀘벡 지역의 문화나, 캐나다 지역의 프랑스계인 가운데 영국에 대한 충성을 거부하고 오늘날의 미국 루이지애나 주 뉴올리언스로 이주한 이들의 "케이준" 문화가 상징하듯이, 피식민지였던 지역이 옛 지배 국가의 문화를 보수적으로 유지하는 현상의 하나로 이해할 수 있다. 일본에서는 그림 14~17과 같이 하나후다와 트럼프를 결합하거나 각종 최신 유행을 도안에 반영하는 등 하나후다가 다양하게 응용되는 모습을 확인할 수 있다. 이는 하나후다가 일본 문화로 완전히 뿌리내렸기 때문에 가능한 응

용으로, 그림 13과 같이 일본에서 전국적으로 사랑받는 인형인 마네키네코招き猫와 다루마だるま, 達磨를 결합시킨 모습에서도 이러한 융합을 확인할 수 있다.

그림 13_ 마네키네코와 다루마를 결합한 인형. 도쿄 다카하타후도高幡不動 절의 다루마 이치에서.

일제강점기 이후에는 하나후다와 화투 간에 교섭이 줄어들었던 까닭에 오늘날 우리나라에서는 하나후다의 몇몇 요소를 이해 못 해 잘못 해석하거나 그 기원이 잊힌 경우가 발견된다. 예를 들어 우리 화투에서 4월의 식물을 '흑싸리'로 이해해 식물이 아래에서 위로 뻗어나가는 모습으로 배치되지만, 원래 일본의 맥락에서 이 식물은 '등꽃'이기 때문에 하나후다에서는 식물이 위에서 아래로 늘어뜨려지게 배치되어 그림 14와 같이 7월의 싸리꽃과 상하 대칭을 이룬다. 또한 그림 15와 같이 화투 및 하나후다의 5월에 들어 있는 '난초'라 불리는 도안은 창포로서 고대 일본의 소설 『이세 이야기伊勢物語』 가운데 아리와라노 나리히라在原業平라

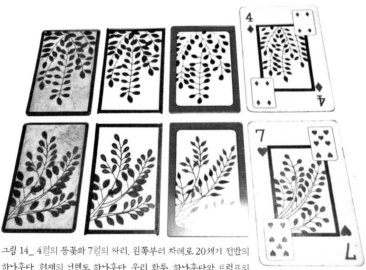

그림 14_ 4월의 등꽃과 7월의 싸리. 왼쪽부터 차례로 20세기 전반의 하나후다, 현재의 닌텐도 하나후다, 우리 화투, 하나후다와 트럼프의 결합 카드. 4종의 하나후다=화투 도안이 기본적으로 동일하다는 것을 확인할 수 있다. 개인.

그림 15_ 5월의 창포.

는 미남자가 불륜으로 추방되어 동쪽으로 향하던 중 오늘날의 아이치 현 나고야 지역의 야쓰하시八橋라는 곳에서 교토를 그리워하는 노래를 불렀다는 데에서 유래한다. 『이세 이야기』에서 야쓰하시는 "다리 여덟 개"라는 지명처럼 다리가 많이 놓여 있고 다리 사이사이에 창포꽃이 핀 곳으로 묘사된다. 이런 모습은 일본의 전통적인 풍경으로 여겨져 현대 일본에서도 여러 정원에서 그림 16과 같이 재현되고 있다. 한편 일본의 하나후다에서는 버들을 11월, 오동을 12월로 이해하는데, 우리 화투에서는 오동이 11월, 버들

그림 16_ 이바라키현 이타코潮來의 창포 축제.

그림 17_ 11월의 버들파 12월의 오동. 우산을 쓴 사람은 고대 일본의 명필 오노노 도후小野道風다. 사진 아래쪽의 오동 그림에는 닌텐도任天堂의 상호명이 적혀 있다.

이 12월로 바뀌어 있다. 그리고 우리 화투 11월에 들어 있는 '똥'이라 불리는 도안은 '오동桐(기리)'으로, '오동'이라는 발음이 바뀌어 '똥'이 된 것으로 보인다(그림 17).

마지막으로 우리 화투에서 1·2·3·4·5·7·12월에 들어 있는 '홍단'과 6·9·10월에 들어 있는 '청단'이라 불리는 도안은, 일본의 전통 시가詩歌인 와카和歌를 적는 종이인 '단자쿠短冊'에서 유래했다. 일본의 화투에도 동일한 달에 홍단과 청단이 배치되어 있다. 우리나라에서는 '홍색 단자쿠'와 '청색 단자쿠'를 줄여서 '홍단' '청단'이라 부르게 된 것이다. 또한 일본의 홍색 단자쿠를 보면 그림 18과 같이 1월과 2월의 홍단에는 "실로 좋구나あかよろし"라는 감탄의 문구, 3월의 홍단에는 "(아름다운) 요시노산みよしの"이라는 백인일수百人一首의 첫 구절이 적혀 있다. "실로 좋구나"라는 뜻의 "아카요로시"는 "明か宜し"라고 썼는데, 이 말이 고어이다보니 후세 사람들이 그 원래 뜻을 잃어버리고 "붉어서 좋다赤宜し"라고 해석하게 되어 '홍단'과 어울리는 구절이라고 생각하게 된 듯하다. 한편 "(아름다운) 요시노산"이라는 구절은 백인일수의 94번째 와카인 후지와라노 마사쓰네藤原雅經(1170~1221)의 "나라奈良의 요시노 산에 가을바람 분다. 밤이 깊으니 나라는 추워지고, 다듬이질 소리 들린다み吉野の 山の秋風 小夜ふけて ふるさと寒く 衣打つなり"에서 왔다. 일본에는 고대에 100명의 가인歌人이 읊은 100편의 와카를 묶어 펴낸 『백인일수』(예를 들어 와세다대학 소장 『百人一首註』)라는 책이 있다. 이 책에 수록된 100편의 노래는 전근대 일본인의 가장 중요한 교양이었기에, 그들이 즐기던 하나후다에도 그 노래가 들어가게 된 것이다. 다만 원래 와카는 가을 풍경을 노래하고 있지만,

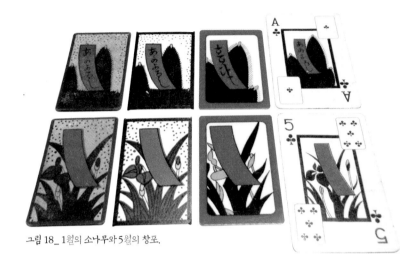

그림 18_ 1월의 소나무와 5월의 창포.

'미요시노'라는 구절이 적힌 홍단은 벚꽃이 활짝 핀 음력 3월에 배치되어 있다. 요시노 산이 벚꽃으로 유명하다보니 계절을 무시하고 3월의 단자쿠에 적은 것 같다. 하나후다에서 글귀가 적혀 있는 1·2·3월의 홍단에 대응하는 화투의 1·2·3월 홍단에는 '홍단'이라는 글자가 흘림체로 적혀 있다. 이 일본어 글귀를 직역하지는 않았지만, 하나후다의 원맥락을 살리기 위해 무언가 글자를 적어넣고 싶었던 듯하다. 한편 하나후다에서는 나머지 달의 홍단에 아무것도 적혀 있지 않은데, 화투에서도 1·2·3월 이외의 홍단에는 아무것도 적혀 있지 않다. 화투와 하나후다 사이의 원맥락은 잊혔지만 문화적 흔적은 끈질기게 살아남아 있다는 증거다. 반면 그림 19를 보면 하나후다의 청단에는 아무것도 적혀 있지 않은데, 화투의 청단에는 '청단'이라고 적혀 있다. 홍단에 '홍단'이라고 적혀 있으니 청단에도 '청단'이라고 적혀 있어야 납득이 간다는 우리나라 사람들의 발상에서 비롯된 변형인 듯하다. 또한 홍단은 하나후다

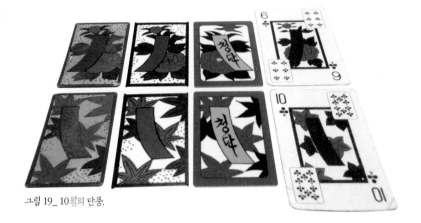

그림 19_ 10월의 단풍.

와 화투의 도안이 완전히 같지만, 청단은 하나후다와 화투에서 방
향이 반대로 되어 있다. 홍단과 청단은 일본 문화의 원맥락이 한
편으로는 고수되고 다른 한편으로는 변형되는 과정을 보여준다.

청단의 변형과 관련해서 한 가지 흥미로운 점은, 광복 이후 일본
의 하나후다와 교섭이 끊긴 상태에서 독자적인 룰의 발전을 이룬
우리 화투에는 일본 하나후다에 없는 패가 추가되었다는 사실이

그림 20_ 추가적인 패. 위로부터 20세기 전기의 하나후다, 닌텐도 하나후다, 현대 한국의 화투.

다. 하나후다에도 특정한 패를 잃어버렸을 때를 대비해 아무것도 적혀 있지 않은 패가 한두 장씩 들어 있지만, 그림 20에서 보듯이 우리 화투 세트에 들어 있는 추가적인 패는 오늘날 한국에서 발전한 각종 룰을 반영하고 있다. 도안에서는 에도시대의 300년 동안 형성된 일본적 미의식을 작은 패에 응축한 하나후다의 그것을 고집스럽게 유지하면서도, 화투의 재질을 종이에서 플라스틱으로 바꾸고 독자적인 룰을 개발해 새로운 패를 추가하고 있는 것이다. 즉 한국의 화투는 일본 문화와 우리 문화의 절묘한 조합이라 하겠다.

·가투歌鬪

일본의 전통 시가인 와카는 5·7·5·7·7의 31자를 기본으로 구성되어 있는데, 이 5·7·5와 7·7을 각각 다른 카드에 적은 뒤 진행자가 5·7·5 부분을 적은 카드를 읽으면 참가자들이 7·7 부분이 적힌 카드를 찾아내는 '우타가루타歌がるた'라는 놀이가 전근대 시기부터 유행했다. 그림 21은 『백인일수』의 제일 처음에 실려 있는 덴지텐노天智天皇의 와카다. 사진 오른쪽에는 "가을밭에 임시로 세운 움막 지붕에 덮어둔 거적이 성글어서 내 소맷자락은 밤이슬에 젖어버렸다秋の田の かりほ庵の 苫をあらみ わが衣手は 露にぬれつつ"라는 와카 전체가 덴지텐노의 전형적인 도상圖像과 함께 적혀 있고, 왼쪽에는 와카의 마지막 두 구절이 히라가나로 적혀 있다. 이 우타가루타는 메이지 이후 본격적인 경기로 정비되어 전국 선수권 대회가 성립되었다. 이는 기본적으로 『백인일수』를 어린이들에게 학습시키고자 하는 목적에서 행해진 것이다.

그런데 1920~1940년대 식민지 조선에서는 이를 시조에 응용한

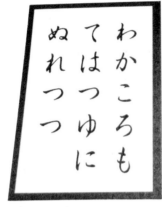

그림 21_ 현대 일본의 우타가루타.

'시조놀이' 또는 '가투歌鬪'가 유행해 1970~1980년대까지 이어졌다. 우리 학계에서는 이 놀이의 근원을 조선시대 이전으로 잡으려는 움직임도 있는 듯하나, 가투의 카드가 100장인 이유 및 시가의 종장을 잘라서 즐기는 풍습에 대한 명확한 증거가 나오기 전까지는 한반도 자생설을 받아들이기 어렵다. 전근대 일본에는 이 두 가지를 충족시키는 '백인일수' 놀이에 대한 풍부한 물적·문헌적 증거가 축적되어 있다. 임선묵의 『시조시학서설』에 의하면 1926년에는 전국 가투대회가 조선일보사 후원으로 열려 그 후로 지속적으로 이어졌다고 하니, 가투는 일본에서 '우타가루타'가 본격적인 경기로 자리잡은 메이지 시대 이후에 우리나라에 들어온 것임을 짐작할 수 있다.

이 글에서는 근대 이후 일본에서 우리나라로 전해진 게 거의 확실한 놀이들에 대해 살펴보았다. 물론 우리나라에는 윷놀이처럼 자생적으로 발생한 것으로 여겨지는 놀이를 비롯해 바둑·장기와 같이 일본 이외의 다른 곳에서 들어온 게 확실한 놀이, 공기놀이나 비석치기와 같이 기원은 불분명하지만 인류의 보편적인 심리에서 생겨났을 것으로 여겨지는 놀이에 이르기까지 수많은 놀이가 전해지고 있다. 필자는 개인적으로 가위바위보 놀이의 기원과 전 세계에서 보이는 다양한 놀이 방법에 흥미를 갖고 있다. 우리 주변에서 흔히 접할 수 있는 놀이의 기원과 역사를 살펴보는 것 그 자체가 하나의 놀이는 아닐는지. 단군이나 조선시대부터 있었던 놀이라는 식으로 설명하는 재야사학에 빠지거나 문헌 근거가 없다는 이유로 좌절하는 양극단을 피하고, 남아 있는 약간의 물적·문헌적 근거를 찾아내 여러 나라의 자료와 널리 비교하는 흥미진진한 줄타기!

9장

빼앗긴 들에도
웃음꽃은 피었다

◉

식민지 조선의 재담집, 재담 소리, 만담

이홍우

일제강점기 조선인들의 웃음 문화를 찾아서

주말이면 공중파와 케이블 TV에서는 황금 시간대에 코미디 프로그램을 편성해 시청자들의 웃음보를 터뜨린다. 그리고 이 프로그램에 출연한 개그맨들의 유행어는 얼마 지나지 않아 대중에게 널리 퍼진다. 어디 그뿐인가. 라디오에서는 청취자들의 실수담을 소개하는 프로그램이 늘 시청률 상위를 점하며, 인터넷에서 네티즌들의 공감을 이끌어내는 일명 베스트 댓글들은 대부분 기상천외한 유머 감각을 발휘하고 있다. 유머, 코미디 등으로 대표되는 웃음 문화가 현대인들의 삶에서 얼마나 중요한 기능을 하는지를 보여주는 일련의 모습들이다.

그렇다면 시간을 100여 년 전으로 돌려보자. 조선은 일제의 국권 침탈로 암울한 근대를 맞았다. 외세의 간섭과 침략으로 위태롭기만 했던 대한제국의 시대는 저물고 고요한 아침의 나라는 '식민지 조선'이라는 인정하고 싶지 않은 상황과 맞닥뜨리게 된 것이다. 식민지 조선인과 웃음이라는 단어의 조합은 그런 의미에서 왠지

어울릴 것 같지 않다.

하지만 실상은 달랐다. 일제의 지배를 받으며 온갖 수난을 당했음에도 우리 민족은 늘 그랬듯이 그 속에서조차 웃음꽃을 피웠다. 즉 암울한 시대 상황에서도 민족 고유의 웃음 문화를 계승하면서 창조해나갔다. 앙리 베르그송은 "우리의 웃음은 언제나 한 집단의 웃음"이라고 했다. 그렇기 때문에 우리 민족이 공유한 근대의 웃음 문화를 살펴보는 일은 당시 식민지 조선인들이 웃음을 통해 어떤 집단적인 미의식을 지녔는가를 확인해볼 수 있는 지름길이기도 하다.

어떤 문화가 형성될 때는 콘텐츠 못지않게 그것을 전달하는 매체 또한 중요한 요소로 작용한다. 오늘날의 웃음 문화는 텔레비전, 라디오, 컴퓨터, 모바일 등을 통해 대중에게 전달된다. 식민지 조선의 웃음 문화도 당대의 매체들을 통해 대중에게 다가갔다. 특히 조선이 맞이한 근대는, 당시 다른 나라도 그랬겠지만 새로운 근대 문물의 등장과 함께했다. 근대식 극장이 세워지고 유성기 음반 문화가 생겨났으며, 이전과는 비교도 안 될 수많은 서적이 공식적으로 출판되어 대중 독자를 만났다. 당시의 웃음 문화도 이런 변화에 발맞춰 다양한 형태로 탄생했는데, 이 글에서는 웃음 문화의 전파 경로 중 출판, 극장, 음반에 주목해보려 한다.

재담집 출판, 애국심 탄압 속에서 찾은 출로

우선 우리나라 근대 여명기의 출판 상황에 눈을 돌려보자. 당시 근대적 출판은 1883년 정부에서 일본으로부터 연활자鉛活字를 조립하여 쓰는 인쇄 시설을 수입한 뒤 시작되었다. 이후 민간 출판사가 여럿 생겨났지만 대부분 책 발행 종수가 얼마 되지 않았으며 상당히 영세했다. 그럼에도 불구하고 조선의 출판 상황은 1905년을 기점으로 새로운 경향을 띤다. 일제가 1905년 '제2차 한일협약'을 맺어 조선의 외교권을 박탈하자 1905년에서 1910년 사이에는 애국심을 고취하는 서적이 봇물처럼 쏟아졌다. 『월남망국사』 『이태리건국삼걸전』 『이태리독립사』 『을지문덕』 『이순신전』 『강감찬전』 등의 역사 전기류 서적들이 영세한 출판사를 통해 간행되면서 근대적 출판문화가 태동하기 시작한 것이다.

하지만 상황은 곧 급변했다. 외교권을 박탈한 뒤 본격적으로 조선의 눈과 귀를 막기 위해 일제가 1907년 '신문지법'과 1909년 '출판법'을 시행했기 때문이다. 일제는 당시에 발행된 서적 중 '대한大韓'이라는 제호가 붙은 것은 모조리 판매금지처분을 내리는 등 조선 출판계를 탄압하기 시작했다. 그 결과 애국계몽기에 간행되었던 많은 역사 전기류와 시상·역사시들이 발행 금지를 당한다.

이러한 위기를 극복하기 위해 출판사들은 한문 고전 중심 발행, 국정 교과서 및 일본 서적 판매, 소설 출간이라는 세 가지 방향으로 타개책을 마련한다. 그러나 한문 고전 중심의 교양물은 구지식인들이 대상이므로 독자층에 한계가 있었고, 당시 국정 교과서나 일본 서적은 정가에 판매가 되었기 때문에 서적상들로서는 이윤이 많지 않았다. 이에 고소설류가 난관을 헤쳐나갈 수 있는 새로운 해결책으로 급부상한다. 당시 대부분 신소설이나 고전소설류와 같이 분류되었던 재담집도 이러한 흐름 속에서 딱지본의 형태

[표 1] 일제강점기에 간행된 재담집

	제목	표지 저자/ 저작 겸 발행자	발행연도	판版	편수	문체	출판사	소장처	비고
1	요지경	박영진 /박희관	1910	재간: 1911 삼간: 1913	185	국문	슈문서관	국립중앙도서관	
2	절도백화 絶倒百話	원석산인圓石散人 /최창선	1912	초판	100	한문	신문관	연세대도서관	
3	개권희희 開卷嬉嬉	우정거사偶丁居士 /최창선	1912	초판	100	한문	신문관	연세대도서관	5편은 제목만 존재
4	앙천대소 仰天大笑	선우일	1913	재판: 1917	102	국문 및 국한문 혼용	문명사	연세대도서관	재판: 박문서관
5	쌀쌀우슴	남궁설 /홍순필	1916	8판: 1926	72	국문	조선도서 주식회사	한국학 중앙연구원	
6	팔도지담집 八道才談集	강의영/미상	1918	재판: 1919	145	국문	영창서관	조동일 소장	판권지 낙장
7	소천소지 笑天笑地	장춘도인長春道人 /최창선	1918	초판	322	한문	신문관	서울대도서관	
8	익살주머니	없음/ 저작자 송완식, 발행자 강의영	1921	재판: 1925	120	국문	영창서관	서울대 도서관	
9	고금긔담집	없음/고유상	1923	초판	93	국문	회동서관	서울대 도서관	
10	우슴거리	없음/강은형	1926	초판	1 (+고소설)	국문	대성서림	오영식 소장	1~2면 낙장
11	죠선팔도 익살과 지담	김동진	1927	초판	70	국문	덕흥서림	서울대 도서관	
12	십삼도재담집 十三道才談集	없음/미상	1928	재판: 1934	112	국문	신구서림	정명기 소장본	판권지 저작 겸 발행자 부분 지워짐
13	걸작소화집	최인화/미상	1939 (추정)		329	국문	신문당	한국학 중앙연구원 장서각	판권지 낙장

딱지본 형태로 간행된 근대 재담집인 『소천소지』 『앙천대소』 『십삼도재담집』.

로 간행되기 시작한 것이다.

　순수 재담집이 아닌 것과 소장처가 불분명한 것들을 제외한 일
제강점기에 간행된 재담집들을 출판 연도순으로 정리하면 [표 1]
과 같다.

재담집을 통해 본 근대의 웃음 미학

　일제강점기의 재담집에는 『태평한화골계전』 『어면순』 『촌담해
이』 『명엽지해』 『파수록』과 같은 조선시대 소화집笑話集에 수록되
었던 이야기가 다시 등장하고 있다. 이는 전통적인 소화의 전승이
라는 측면에서 눈여겨볼 만하다. 그런데 이러한 전승 못지않게 중

요한 것은 근대 재담집에 새로운 형식과 내용의 재담들이 등장하고 있다는 점이다.

먼저 새로운 형식의 재담으로, 근대 계몽 담론의 틀 안에서 신문의 논설 형식을 빌려온 재담들이 눈에 띈다. 이러한 재담은 크게 신문의 논설 형식을 차용한 '논설 재담'과 편집자의 논평을 부각시키는 '서사적 논설 재담'으로 나눠서 접근해볼 수 있다.

신사紳士라 ᄒᆞᄂᆞᆫ 것은 재산財産을 유有한 자者가 안이오. 기其 심지心志에 재在ᄒᆞ고故로 권세權勢가 혁혁赫赫ᄒᆞ고, 자산資産이 누거만루巨萬이라도 기其 언행言行이 선량善良치 못ᄒᆞ면 신사紳士가 안이오. 반反 시是ᄒᆞ야 빈핍자貧乏者, 개걸자丐乞者, 혹或은 상점商店의 점원店員, 소사小使라도 고상高尙ᄒᆞᆫ 사상思想을 포抱ᄒᆞ고, 신의信義와 명예名譽를 중중重히 녁이며 의협義俠의 심심心心이 유有ᄒᆞ면 차此룰 즉卽 호개신사好個紳士다 ᄒᆞᄂᆞᆫ디, 현대現代의 소위所謂 신사紳士라 칭稱ᄒᆞ고 오연傲然히 자동차自動車를 승乘ᄒᆞ고 대도상大道上에겨 횡행橫行ᄒᆞᄂᆞᆫ 것을 시示ᄒᆞ면

무식신사無識紳士 불학신사不學紳士 몰덕신사沒德紳士 부정신사正紳士

화류신사花柳紳士 축첩신사蓄妾紳士 애뢰신사愛賂紳士 허언신사虛言紳士

비열신사卑劣紳士 난폭신사亂暴紳士 도유신사諂諛紳士 고두신사叩頭紳士

굴슬신사屈膝紳士 부채신사負債紳士 사기신사詐欺紳士 인색신사吝嗇紳士

입옥신사入獄紳士 배금신사拜金紳士 취생신사醉生紳士 잡가신사雜

일제강점기까지 명맥을 이어온 양반. 그러나 그들은 곧 희화화의 대상이 되었다.

歌紳士

박정신사薄情紳士 무의신사無義紳士 추태신사醜態紳士 간음신사姦

淫紳士

쑨이오, 순정純正호 신사紳士는 방방곡곡坊坊曲曲이 수색搜索ᄒ야도 용

이容易히 볼 슈 업스니, 희噫.희噫.희噫.희噫.희噫.희噫!

　　　　　　　　　　—『앙천대소仰天大笑』, 〈호개신사好個紳士〉

　논설 형식의 재담에서 계몽의 대상은 무지몽매한 일반 대중이
아니다. 오히려 구시대의 산물인 '양반'뿐만 아니라 인텔리, 하이
칼라, 신사 등으로 불리던 당대 지식층에게 비판의 날을 세우고
있다. 갑오개혁으로 신분제도가 폐지된 후 양반은 조선에서 '공식
적'으로는 사라졌지만 재담에서는 아직까지 민중 위에 군림하려다

망신을 당하는 모습들을 보인다.

새로운 시대에는 그에 걸맞은 인간상이 필요함에도 불구하고 '무식, 부정, 배금, 간음' 등의 신사들이 판을 치고 있다. 이런 거짓 신사보다는 비록 가난한 자, 구걸하는 자 혹은 상점의 점원이라도 고상한 사상을 가지고 신의와 명예를 중요하게 여기며 의협심 있는 사람이 제대로 된 신사라고 재담에서는 강조한다.

서사적 논설 재담은 신문의 사설과 유사한 전반부와 서사 구조를 지닌 후반부로 이루어져 있다.

요사이 흔이 하이칼나 하이칼나 하나, 무엇을 가라쳐 하이칼나라고 하는지, 나는 도모지 알 수 업습니다. 우리 됴션으로 말하자면 한 二 칠십 년 전에는 셔양 사람을 맛나면 소위 양이攘夷한다고 개장 개 잡 듯하엿습니다. 그러나 만국이 통상하는 오날날은 그때 그네들의 자손들이 외국의 유람이너 유학이너 하고 도라오면 단박에 양쳠지가 되어바리고, 아조 됴션은 말할 것도 업다고 합니다. 그러나 그럿타고 살찐 놈 따라붓듯시 됴션 정신을 이저바리고 보면 우리의 쳔졍은 참 말 할 것 업소. 그런딕 쏭골 사는 웃던 쳥년은 영국 논돈을 다녀온 후 썩 하이칼나가 되엿다. (…)

— 『익살주머니』, 〈하이칼나자동차〉

이 재담에서 주목할 곳은 밑줄 친 부분이다. 이를 기준으로 전반부의 논설과 후반부의 재담으로 구분된다. 전반부는 이 부분만 따로 떼어 신문에 실을 경우 그 자체가 필자의 주장이 반영된 논설이라고 해도 될 만큼 당시 신문의 논설과 유사하다. 게다가 밑줄 친 부분을 보면 논설조의 앞부분과는 어투부터 달라지는 것을 알 수 있는데, 다른 서사적 논설 재담도 이런 양상을 보인다. 이는 마치 판소리에서 인물의 행동거지를 묘사하거나 특정 대목을 들어갈 때 사용하는 아니리의 표현 방식과 유사한데, 전·후반부가 서로 다른 형식이라는 것을 알려주는 지표 역할을 하고 있는 셈이다.

이후 전개되는 재담은 영국 런던에서 살다 온 하이칼라 청년이 서양의 우수한 문명을 예찬하면서 조선의 미개함을 못마땅하게 여기자, 조선인 손님이 그 청년을 말끝마다 비꼬는 식으로 대화가 진행된다. 하이칼라 청년은 남의 '하우스'에 함부로 들어오는 조선 사람이 싫어서 '쨀[벨]'을 달려고 했으나, 아직 준비가 안 돼 양철통을 달아놓으니 나무 작대기로 손님에게 두드리라고 한다. 그러면서 하이칼라 청년이 '컴인' '하우아유' '미스터' 등의 영어를 사용해 대화를 시도하자, 조선 손님은 이를 각각 '컹컹[개 짓는 소리]' '항우項羽 아들' '밑이 터짐[설사]'으로 이해해 웃음을 자아낸다. 그 뒤 두 사람은 자동차를 타고 드라이브를 하게 되는데 결국 하이칼라 청년의 운전 미숙으로 냇가에 빠지고 만다. 그런데 마지막에 그는 자신의 실수는 생각도 안 하고 "왜 이런 곳에 내를 내엿서. 그러기 때문에 나는 됴션을 시려하오"라고 투덜대면서 재담은 끝난다.

재담에서 편집자가 말하려는 것은 전반부 논설 부분에 집약되어 있다. 이는 이 재담의 주제이면서 계몽적인 메시지의 핵심이다. 다만 앞의 '논설 재담'과 다른 점이 있다면 이 부분만으로는 재담이 성립되지 않는다는 것이다. 말 그대로 논설이지 별다른 재치나 재미 혹은 웃음을 독자들에게 전달하지 못한다. '서사적 논설 재담'이 재담으로서 자격을 얻게 되는 것은 후반부의 서사적 재담 때문이다. 전반부의 논설과 긴밀히 연관되면서 개연성 있는 이야기를 후반부에 첨가해 재담의 주제의식을 더욱 구체화시키고 있는 것이다. 이는 마치 뉴스에서 앵커가 기사의 주요 부분을 미리 요약·설명하고, 기자의 멘트와 카메라의 시선을 통해 사건을 구체적으로 보여주는 방식과 비슷하다.

조선의 근대는 신문물의 도입과 함께 시작되었는데, 이러한 신문물은 새로운 재담이 창작되는 계기를 마련했다. 앞의 신문 논설 형식 외에도 근대의 다양한 글쓰기 양식을 패러디한 재담이 새롭게 창작되고 있음을 확인할 수 있다.

학위청구제출논문學位請求提出論文

경제학원론經濟學原論 골계대학교滑稽大學校 졸업생卒業生 보비리甫鄙利

일—. 항상恒常 연죽煙竹만 가지고 단이면서 담비지갑은 이져버린 척ᄒᆞ고 다른 사ᄅᆞᆷ의 담비지갑을 비러서 담비를 먹으되 조곰도 미안未安ᄒᆞᆫ 기색氣色이 업슬 것

일—. 항상恒常 등롱燈籠만 가지고 갓다가 납촉蠟燭은 이져버리고 왓노라 ᄒᆞ고 납촉蠟燭 ᄒᆞᆫ 개식 어더올 것(…)

— 『앙천대소仰天大笑』, 〈학위청구제출논문學位請求提出論文〉

제목은 거창했지만 실제 논문은 아니며 오히려 각 항목을 보면 자린고비들의 지침서라고 할 만한 내용만 열거되어 있다. '학위청구제출논문'과 '경제학원론 골계대학교 졸업생 보비리'라는 말의

부조화에서 일차적인 웃음이 유발된다. 그러면서 '경제학원론'이라는 주제에 걸맞지 않게 갖가지 인색한 행동을 나열하면서 권하여 독자들에게 이차적인 웃음을 자아내고 있다. 이처럼 논문 형식을 패러디한 재담으로는 〈흠신欠伸(하프염)의 연구硏究〉〈여자女子의 심리해부心理解剖〉 등이 있는데, 논문 형식을 취하는 듯하지만 기본적으로는 말장난을 통해 웃음을 유발하는 데 목적이 있다.

제일조第一條 미인美人을 숭배崇拜홀 사事

제오조第五條 미인美人이 아너면 상등上等 사회社會의 부인夫人이 되지 못홀 사

제십이조第十二條 미인美人이 아너면 자동차自動車를 타지 못홀 사事

제십팔조第十八條 미인美人이 안이면 회사會社나 은행銀行의 여사무원女事務員이 되지 못홀 사事

제이십사조第二十四條 미인美人을 불측不測혼 경우境遇에 싸지게 혼 자者는 종신終身 징역懲役에 처處홈

제삼십조第三十條 본법本法은 여와女媧씨 기원紀元 후後 불가사의년不可思議年 십삼월十三月 삼십오일三十五日부터 시행施行홈

———『앙천대소仰天大笑』,〈미인만능법안美人萬能法案〉

법조문을 패러디한 재담으로 그중 몇 조만 추려봤는데, 당시에도 이미 미인은 숭배의 대상이다. 그런데 미인이 아닐 때가 문제다. 미인이 아니면 상층사회의 부인이 되지도 못하고, 회사나 은행에서 일할 수도 없으며 심지어 자동차도 탈 수 없다. 하지만 미인을 불측한 지경에 빠지게 한 남성은 종신형에 처한다고 하니 그 엄

포가 보통이 아니다. 그런데 이 법안이 허황된 것임을 자인하는 장치로 밑줄 친 부분처럼 말장난을 통해 시행 일자를 모호하게 처리하고 있다. 다소 과장된 재담이지만 당시에 미美는 이미 여성을 판단하는 유일무이한 기준이 되었음을 알 수 있다. 전통사회에서 여성의 덕목으로 강조되었던 열烈이나 지知, 덕德은 온데간데없다. 오로지 미인이 만능인 세태를 재담을 통해 조롱한다. 물론 이런 사회 현상은 현재진행형이지만.

패러디 자체가 원본을 비틀어서 익살스럽게 표현하는 방식인만큼 재담의 주요한 표현 기법으로 차용될 수 있었는데, 그중 이런 논문이나 법조문 형식 외에 광고, 공문서, 산수 등의 형식을 패러디한 재담이 돋보인다.

일제강점기는 조선에 신문물이 급속도로 보급된 시기다. 하지만 아직 대중에게 그것은 신기하고 경탄스러운 대상이었으며, 대중은 이에 적응하지 못하는 모습을 보였는데 재담은 이 점을 예리하게 포착했다. 당시 보급되기 시작한 전차, 기차, 사진, 소포, 활동사진, 전깃불, 우체통, 선풍기 등 문명의 이기에 대한 재담이 다수 등장하고 있다. 이런 물건은 대중에게 편리한 생활을 보장해주었지만 한편으로는 갑자기 변화된 생활환경으로 인해 현실 부적응을 초래하기도 했다.

싀골 사룸이 셔을 왓다 가셔 ᄒᆞᄂᆞᆫ 말이 ᄂᆡ가 셔을 가셔 電車라는 것을 보낫가 果然意見을 잘 버엿든 걸 늬 意見 갓흐면 불가불 ᄯᅡ에다 줄을 믹고 쓸 터인듸 行人에게 妨碍가 될가ᄒᆡ셔 空中에다 줄을 믹고 쓸게그려
—『앙천대소仰天大笑』, 〈공중空中에다가 줄을 매고 수레를 쓸어〉

촌싱원님이 셔울을 올나왓든 길에 저긔의 수진을 박여 긔지고 집에 가
져 구경식힐초로 사진관에서 관 쓰고 도포 입고 교의에 걸어안져서 사
진을 박여 긔지고 집에 도라와 수진을 쬐내여 부인을 쥬며 왈 이런 신
통훈 것 보앗소 구경ᄒ오 누구 굿소 부인이 밧으본즉 자긔의 남편이라
하하……우스며 왈 에이그 그것시야 신통도 ᄒ지 엇지 이럿게 만드
럿소 이제는 령감이 둘이 되엿네 ᄒ고 쏘 ᄋ둘을 쥬며 왈 어서 보으라 ᄋ둘
이 밧으들고 하는 말이 참 신통ᄒ게 만드럿슴ᄂ다 이것을 누구 만드럿슴
닛ㄱ 양인이 만드럿슴닛ㄱ 양인이 만드럿단다 ᄋ- 고놈 잘도 만드럿고
귀신이 통곡을 ᄒ깃다 손즈ㄱ 쏘 보더니 이것을 양인이 만돌엇서요 참
긔특ᄒ다마는 한ᄋ바지ㄱ 게 번이나 불너도 딕답이 업스니 그 양인이 잘
못 만드럿군 그 량반이 ᄒ다못ᄒ야 에그이 무식한 후례즈식들

        —『쌀쌀우슴』, 〈그것참 신통ᄒ게 만다럿네〉

두 사람이 활동사진 구경을 갓다가 나파륜젼쟁 일 판을 보고 '엇재 이
러게 흐미한가' 하녀 가치 갓는 사람의 대답이 '아-이 사람아 쯤 오래
된 일인가.'

        —『익살주머니』, 〈쯤 오래된 일인가〉

엇던 시골자가 편지를 우쳬통에다 집어늣고셔 여보여보 하고 몸이 달
어 우쳬통을 부른다 지나가는 사람이 그 연유를 무르니 멧칠 동안이
면 편지가 우리 집에 가겟나 무러보랴 한다구 하더라

        —『익살주머니』, 〈여보게 며칠이면 가겟소〉

시골서 셔울에 온 어느 영감 님이 젼긔풍선을 보더니 고개를 끄덕어리

놀이로 본
조선
234

며 하는 말이 '그렇지! 바람이 이렇게 세고서야 안 돌아갈 리 있나!'

— 『걸작소화집傑作笑話集』, 〈선풍기扇風機〉

새로운 물건의 작용 원리를 이해하지 못한 결과 어리석은 행동이나 말에 이르게 되는 것이 기본적인 웃음 발생 요인이라면, 거기서 한 걸음 더 나아가 자신의 어리석음을 깨닫지 못한 채 신문물에 대한 자기식 해석으로 엉뚱한 결론을 내리는 등장인물들의 모습이 확장적인 웃음 발생 요인이라 할 수 있음. 당시에 유입된 신문물은 이러한 물질적인 요소들 외에 신식 교육이나 의학, 법률 등 제도적 측면 또한 상당한 부분을 차지했는데, 이런 새로운 제도의 도입 또한 일제강점기에 새로운 재담 창작의 동인이 된 것이다.

"조선 제일류 가객 박춘재군"

이제 출판계를 떠나 공연계로 눈을 돌려볼 차례다. 일제강점기에 무대 공연을 통해 대중에게 웃음을 선사했던 인물로는 단연 박춘재와 신불출을 손꼽을 수 있다. 이중에 그때나 지금이나 대중적으로 더 알려진 인물은 신불출일 것이다. 그러나 그런 신불출도 박춘재 재담의 영향에서 자유로울 수 없었다. 그러므로 박춘재는 근대의 무대 공연에서 보여준 웃음 문화를 논할 때 가장 먼저 마주해야 할 관문이다.

사실 재담은 전통사회에서 판소리 광대나 유랑연예집단인 남사

남사당패 역시 전통시대에 재담을 자주 애용했었다.

당패 등을 통해 자주 애용되었던 장르다. 박춘재 이전에도 재담은 있었고, 그 또한 전승되던 재담들을 차용했을 것이다. 그럼에도 박춘재를 재담 소리의 달인이라고 칭송하는 것은 재담을 특화시켜 전통적인 소리에 녹여냈기 때문이다.

박춘재가 재담 소리로 유명해진 것은 당시 공연 문화의 시대적 변화와 무관하지 않은 듯하다. 시대가 바뀌면서 경기 소리를 했던 박춘재는 판소리나 창극, 영화, 신파극, 신극, 유행가 등 당시의 공연계를 주름잡고 있던 경쟁 장르들을 의식할 수밖에 없었을 것이다. 이에 그는 일찌감치 독특한 재능을 발휘해 재담 소리를 자신의 장기로 삼았다.

재담 소리꾼 박춘재의 인기는 대단했는데, 구파 공연 집단의 핵심적인 공연장이라 할 수 있는 광무대光武臺에서도 대표적인 소리꾼으로 군림했다. 딱지본 『무쌍신구잡가無雙新舊雜歌』 뒤표지에는 박춘재의 사진과 광무대 연주자 일행의 사진이 실려 있는데, 박춘재의 사진에는 '조선 제일류 가객 박춘재군'이라는 설명이 붙어 있다.

그는 대중적인 인기를 바탕으로 새로 등장한 매체인 유성기 음반을 통해 또 다른 방식으로 대중을 만나게 된다. 유성기 시대에 서양 음악까지 합쳐서 발매된 음반은 모두 5000여 종인데, 전통음악이 절반가량이었으며 그중에서 가장 많은 음반을 낸 인물이 박춘재였다고 하니 당시 그의 인기가 어느 정도였는지를 짐작할 수 있다.

최고의 소리꾼이었던 박춘재가 부른 재담 소리로는 〈개넉두리〉 〈장대장타령〉 〈장님 흉내〉 〈각색 장사치 흉내〉 〈병신 재담〉 〈농담 경복궁타령〉 등이 있다. 여기서는 그의 대표작이라 할 수 있는 〈개

에디슨 스탠더드 축음기, 31.5×23.7×38.5cm, 1900년대, 서울역사박물관.

넉두리〉의 일부분을 들어보자.

(…) [공수조]

아이고 나 들어왔다. "또 누구십니까?"

아께 들오든 너의 할아버지 할머니다. "옳소이다."

열년은 열두 달, 파년은 열석 달에

잠시도 편헐 달이 없어. "옳소."

일 년 열두 달 터 잡으면 어느 때가 어느 땔러냐?

정월이라 대보름날이면 액말이냐. "옳소."

물 것 꾀인다고 누룽밥 한 술도 아니 주고

왼종일 굶겨대는구나. "옳소."

(…)

오뉴월 삼복 중에 "옳소."

잠을 자려는 꿈에 호랭이만 뵈이고, "옳소이다."

다부 일어나며는 "옳소."

이승상댁 십리골 친구들이

삽까중 후려들고 대면서 쫓을 적에 "옳소."

행길에 나가며는

반찬 가게가 총파에 무섭고, "안 그렇갔어?"

집 안에 들어오면

장독대 된장이 무섭고, "그렇고말구요."

우리 춴님이 몇 해 기르든 공 없이

단돈 냥에 부관에서

서른 냥에다 팔아먹었네. "너머 싸게 팔았어." (…)

─⟨경기 명창 박춘재⟩ 한국고음반연구회 명인 명창 선집(9), 지구 레코드, 1996

⟨개넉두리⟩는 개를 의인화하여 벌이는 굿이다. 그 형식과 절차는 무당과 기대(장고잡이)가 주고받는 무속의식과 같지만 박춘재가 사설을 익살스럽게 변용시켜 부르고 있다. 정월 대보름에 밥 한 그릇 얻어먹지 못하고, 삼복더위에는 호랑이 꿈까지 꾸면서 불안해하다가 결국 서른 냥에 팔리는 신세가 되는 개의 일생. 박춘재는 소리를 받아주는 문영수와 함께 무가의 형식을 빌려와 재담을 구연하고 있는 것이다.

그의 재담 소리는 그래도 전통 소리꾼의 가창 방식을 고수하면서 대중에게 웃음과 재미를 선사했다. 하지만 그의 뒤를 이어 일제강점기의 웃음 문화를 주도했던 신불출은 '만담漫談'이라는 새로운 장르를 개척한다.

만담의 천재, 신불출

60세가량 된 한 노인이 종로 거리를 걷고 있다. 그런데 갑자기 축음기 상회에서 흘러나오는 소리에 홀려 그 앞에서 발을 멈추고 귀를 기울인다. 노래를 정신없이 듣다가 대사 중에 '히히'거리고 웃는 대목에서 그도 소리 높여 따라 웃는다. 그러자 지나가던 사람 10여 명이 모여들고 옆에서 같이 듣고 있던 사람들이 함께 박장대소를 한다. 이 일을 『매일신보』 1935년 1월 3일자에서는 '사건'이라고 기록하고 있다. 이 신문은 각계 제1인자를 소개하면서 그를 '만담의 천재'로 규정지었다.

그가 바로 만담의 대가 신불출申不出이다. 신불출은 본명이 신영일申英一인데 그의 독특한 예명과 관련해서는 여러 설이 있다. 그와 한동안 같이 생활한 적이 있는 지인의 증언에 따르면, 그가 세상에 태어날 때 나올까 말까 했기 때문에 신불출이라고 스스로 별호를 지었다고 한다. 또 다른 일화에 따르면 사회풍자적인 만담을 하다가 일본 순사에게 끌려가 고초를 당한 뒤 다시는 무대에 서서 만담을 하지 않겠다는 뜻에서 불출不出로 예명을 지었다고도 한다. 유래야 어찌되었든 별호를 짓는 것조차 조선 최고 만담가의 기질이 어김없이 발휘되고 있는 셈이다.

『매일신보』 기사에서 한 노인의 발걸음을 멈춰 세운 그 음반이 바로 불출不出하고 있던 신불출을 세상에 제대로 출出하게 만든 오케레코드의 〈익살맞은 대머리〉다. 신불출은 당시 극단에서 막간을 이용해 촌극을 공연하면서 이미 인기를 얻던 터였다. 이러한 촌극은 난센스, 스케치, 희가극 등으로 불리며 독립된 공연물로서 그 입지를 넓혀갔다.

당시 조선에는 콜롬비아, 빅터, 포리돌, 시에론 등의 음반 회사가 들어와 있었다. 그들은 초기에는 판소리나 민요 등을 취입해 영업하다가 유행가 쪽으로 차츰 영역을 확대해가더니 막간에서 노래와 촌극이 인기를 끌자 아예 그것만 레코드에 담아 팔기 시작했다.

그중에서도 신불출이 만담에 특출한 재능이 있다는 것을 간파한 오케레코드에서 그의 만담을 취입해 세상에 내놓았는데, 이것이 시쳇말로 대박을 터뜨린 것이다. 오케레코드는 1933년 2월 21

대머리(공산명월) 가사지와 음반, 한국음반아카이브연구소.

일자 『조선일보』에 레코드를 출현한 지 반 개월 만에 2만 매 판매를 돌파했다며 광고를 싣는다. 그러면서 '압도적 인기 음반 다섯 곡'을 광고하는데 이 중에 신불출의 작품이 〈서울구경〉 〈만주의 지붕 밑〉 〈익살맞은 대머리〉로 세 편이나 들어가 있다. 특히 윤백단과 콤비를 이뤄 발표한 〈익살맞은 대머리〉는 선전 기간 중 50전으로 반값에 염가 판매함을 강조하고 있다. 한마디로 〈익살맞은 대머리〉는 오케레코드의 주력 상품이면서 공전의 빅 히트 상품이었던 것이다.

女: 영감님 올에 몃치슈?

老: 나 그림자하구 둘일다

女: 아니 년세가 얼마예요? 나희를 얼마나 잡수셧느냔 말이야요?

老: 정월 초하로날 하나씩 먹구 인젠 없단다

女: 게시긴 어데 게슈?

老: 나 지금 「오케-레코-드판 속에」 드러잇단다

女: 아이그참 입담도 어지간하슈 그런데 왜? 그럿케 늙으엇수?

老: 세상이 하도 것츠러워서 다 해엇단다

女: 머리는 참 왜 그럿케 버서젓세요?

老: 알쏠한 세상에 남의 걱정하다가 인함박을 썻단다

女: 왼통들 영감님더러 무르꽉대가리너니 사발대가리너니 됨박대가리
너니 망건골대가리너니 수박대가리너니 중대가리너니 파리똥대가리너니 그러
든데

老: 예라이 자식 버릇없다 원래 영어로는 「쎄아드헤드」라고 그리고 중
국말로는 「투더우」라고 그리고 일본말노는 「하게아다마」 조선말노는
「공산명월」이라고 그린단다

女: 뭐 공산명월이요? 그럼 화투판엘 가시면 삼십숏은 먼저 짜고 게시
겟구려

老: 너도 나희 어린 게 아조 버던젓구나

女: 던지타너요?

老: 버럿단말이다. (…)

- 오케OKEH 레코드 〈대머리(공산명월)〉 신불출·윤백단

신불출은 〈익살맞은 대머리〉처럼 해학적인 웃음만을 지향하는

만담만 하지는 않았다. 그의 예명과 관련된 일화 못지않게 유명한 일화가 있는데, 창씨개명을 강요하는 일제에 항거하는 의미로 신불출은 '에헤라 놀아라'라는 의미로 해석될 수 있는 '에하라 노하라ェハラ ノハラ[江原野原]'로 일본 이름을 지었다고 한다. 그만큼 그가 대중에게 전하고자 했던 웃음에는 해학적인 것과 함께 식민지 조선의 현실에 대한 강력한 비판 및 풍자가 담겨 있다.

신불출은 월간 『삼천리三千里』에 기고한 글에서 만담은 원래 조선에 없던 것으로, 소위 재담才談이라고 하는 것은 도쿄에 있는 만세萬歲와 유사하며 만담과는 다르다고 주장해 전통 재담과 만담의 차별성을 내세우고 있다. 그러나 재담의 달인인 박춘재 발탈의 전수자이자 재담가인 박해일의 증언은 신불출의 주장과 상반된다.

"신불출이나 윤백단 같은 초기 **만담가**들이 일본의 **만담**인 **만자이**를 흉내 내면서 **만담**을 정착시킨 것으로 알려져 있으나 그렇지 않습니다. 그들이 우선 텍스트로 삼았던 것은 다름 아닌 우리의 전통 재담이었습니다. 특히 창의적인 연기로 가는 곳마다 관중을 사로잡았던 박춘재를 따르고 존경했죠."

신불출이 공연했던 만담의 원류가 무엇이었든 간에 중요한 것은 그가 당시 새로운 형식의 웃음 문화를 창조했고, 그만의 무대 매너로 대중의 마음을 사로잡고 있었다는 점이다. 시대를 풍미했던 조선 제일의 만담가 신불출은 1937년에 발행인으로서 『웃음판』을 창간하는 등 해방 직후까지 왕성한 활동을 펼쳤다. 그 뒤 월북하면서 상당한 지위를 누렸으나 결국 북한의 문화정책을 비판

했다는 이유로 숙청을 당하는 비운의 운명을 겪었다. 그는 이제 우리 곁에 없지만 그의 만담은 이후 장소팔, 고춘자 등의 만담가나 초기 코미디언들에게도 상당한 영향을 끼쳤다.

◉

명나라의 문인인 풍몽룡馮夢龍은 그의 소화집笑話集『소부笑府』의 서문에서 다음과 같이 말한다.

이야기하지 않으면 사람이 될 수 없고, 웃지 않으면 이야기가 되지 않으며, 웃지 않고 이야기하지 않으면 세계가 이루어질 수 없다.

인간이 만들어내는 여러 문화 중에서 '웃음'과 그 웃음을 바탕으로 만들어지는 이야기가 얼마나 중요한 것인지를 힘주어 말하고 있다. 인간 삶에서 웃음과 이야기가 사라진 상황을 상상해보면 끔찍하기 짝이 없다. 웃지 않고 이야기하지 않으면 세계가 이루어질 수 없다는 그의 말이 단순한 과장으로만 들리지 않는 이유다. 웃음이 인간의 고유한 특성인 만큼 앞으로도 매체의 변화에 발맞춰 다양한 웃음 문화가 만들어지기를 기대해본다.

10장

노는 데 진정
도가 튼 아이들

◉

아시아의 공기, 연, 뱀주사위 놀이

편해문

세상의 아이들, 다섯 알로 논다

　백석의 시 「여우난골族」을 소리 내 즐겨 읽는다. 여우난골족은 텔레비전이나 컴퓨터가 없던 시절 아이들끼리 무엇을 하며 놀았는지를 아름답게 들려주기 때문이다. 아이들 놀이의 유토피아가 있다면 바로 이런 모습이 아닐는지. 도무지 놀지 못하고 지내는 오늘날 대한민국 아이들이 무척 안쓰럽다. 10여 년간 아시아의 아이들을 만나러 다녔지만 아이들이 바쁜 것으로 치기는 대한민국이 으뜸이다.

(…)
저녁술을 놓은 아이들은 외양간섶 밭마당에
달린 배나무 동산에서 쥐잡이를 하고
숨굴막질을 하고 꼬리잡이를 하고
가마 타고 시집가는 놀음 말 타고 장가가는 놀음을 하고
이렇게 밤이 어둡도록 북적하니 논다

「윷놀이」, 「단원풍속도첩」, 김홍도, 종이에 엷은색, 26.9×22.2cm, 18세기, 보물 제527호, 국립중앙박물관.

밤이 깊어가는 집안엔

엄매는 엄매들끼리 아르간에서들 웃고 이야기하고

아이들은 아이들끼리 웃간 한 방을 잡고

조아질하고 쌈방이 굴리고 바리깨돌림하고 호박떼기하고

제비손이구손이하고

이렇게 화디의 사기방등에 심지를 몇 번이나 돋구고

홍게닭이 몇 번이나 울어서 졸음이 오면

아릇목싸움 자리싸움을 하며

히드득거리다 잠이 든다

(…)

갖은 놀이가 나온다. 쥐잡이, 숨굴막질, 꼬리잡이, 가마 타고 시집가는 놀음, 말 타고 장가가는 놀음, 조아질, 쌈방이, 바리깨돌림, 호박떼기, 제비손이구손이, 아릇목싸움, 자리싸움으로 모두 열두 가지다. 이 많은 놀이를 하룻저녁에 친척 아이들이 모여서 한 것이다. 서울말로 숨굴막질은 숨바꼭질, 조아질은 공기놀이, 쌈방이는 주사위놀이, 바리깨돌림은 종지 돌리기, 호박떼기는 호박따기, 제비손이구손이는 이거리 저거리 갓거리다.

아이들은 어떻게 이렇게 많은 놀이를 졸릴 때까지 하면서 즐겼을까? 먼저 이 집에는 텔레비전과 컴퓨터가 없다. 그리고 아이들 방도 따로 없다. 반면 이 집에는 있는 것도 많다. 먼저 또래가 있고 놀 곳이 있으며 아이들 스스로 놀 수 있는 놀거리로 넘쳐난다. 그리고 무엇보다 놀 시간이 있다. 백석의 시 「여우난골族」은 우리에게 아이들이 노는 데 진정 필요한 것이 무엇인지 일러준다. 이 글

戲遊目掩

「엄목유희掩目遊戲」(술래잡기), 『조선풍속화보』, 나카무라 긴조, 1900년대 초.

양고 는 노들희아

「아희들 노는 모양」, 김준근, 무명에 채색,
28.5×35.0cm, 조선 말기,
함부르크 민족학박물관.

인도 아이가 공기하는 모습, 2005.

의 첫 번째 이야기는 '공기놀이'로 시작한다. 먼저 인도 아이들은
어떻게 공기놀이를 하는지 필자가 찍은 사진 한 장을 함께 보자.
　돌멩이가 우리보다 좀 크다. 그리고 울퉁불퉁하다. 곱게 다듬어
진 돌보다 경우의 수가 더 많아 재미나게 놀 수 있다. 더 오래된 기
록도 있지만 우리나라에서 19세기 초 이규경이 쓴 『오주연문장전
산고』에서 공기놀이에 관한 글을 볼 수 있다.

　우리나라에는 아이들이 둥근 돌을 가지고 노는 놀이가 있어 이것을
'공기拱棋'라고 한다. 둥근 돌을 공중에 던져 손바닥으로 받고 이미 받
은 것을 솥발 형태로 만드는 것을 '솥발공기鼎足供基'라고 한다.

　여기서 솥발공기라는 것은 '솥 걸기'(안동), '봉 걸기'(상주)라는
솜씨로 지금까지 이어지고 있다. 여기서 '봉'은 봉우리를 말한다.

才手賭兒女

「여아도수재女兒賭手才」, 김준근, 조선 말기, 청계천문화관.

네팔 아이가 많은 공기를 하는 모습, 2005.

공기놀이하는 모습은 비슷해도 이름은 지역마다 다른데 그동안 곳곳을 다니며 알아낸 것을 정리하면, 경북은 짜개나 자새쫓기, 의성 탐리는 빤돌이라고 했다. 경남도 좀 다른데 부산은 살구, 마산은 꼼받기, 합천은 깔래, 청도는 찰개, 산청은 짜개받기, 양산은 살구받기, 영일은 찌구 또는 봉구, 전남 벌교는 독뱉기, 순천은 독잡기, 전북 남원·임실은 공구뱉기, 독뱉기, 독줏어먹기, 김제는 독줍기, 고창은 독짓기, 부안은 독살이, 군산 옥구·대야는 알독치기라는 말을 썼다. 특히 경북에서는 공기를 '자새'라고 부르기도 하는데 19세기 김준근이 그린 『기산풍속도첩』에 엽전을 베개에 올려놓고 여자아이 셋이서 놀이하는 그림의 제목이 「여아도수재女兒賭手才」다. 엽전이 돌로 바뀐다면 틀림없는 공기놀이라고 할 수 있다.

다섯 알을 가지고 노는 공기와 달리 공기알 수십 개를 펼쳐놓고 하는 '많은 공기'는 도팍따먹기, 콩줏어먹기라고 했다. 논산에서는 많은 공기를 '꿩알'이라 부른다. 네팔에서도 역시 많은 공기를 하는 아이들을 볼 수 있다.

다른 나라 사람들한테 공기놀이를 아느냐고 물었더니, 키르키스스탄에서는 셈하는 돌이라는 뜻의 '차크막다시'와 다섯 개의 돌이란 뜻의 '베시대시Besh tash', 일본은 '체링구'라는 플라스틱 고리 다섯 알을 가지고 공기를 했다는데, 모습은 우리나라 경북 지역에서 할머니들이 어려서 했던 '까불이'와 같았다. 까불이를 가리키는 이름은 여럿이다. 대표적인 것이 '일본공기'와 '천재공기'다. 안동에서는 이를 '문디자새'라 하고 제주에서는 '서울공기'라 했다. '일본공기'라는 말은 동해안 가까이에 있는 울진·강릉 쪽에서 많이 들었다. '천재'와 '문디'가 견주어진 점이 흥미롭다. 하는 방법은 한 알을 던져 받으면서 한 알을 집고(손에 두 알), 두 알을 던져 받으면서 한 알을 집고(손에 세 알), 세 알을 던져 받으면서 한 알을 집고(손에 네 알), 네 알을 던져 받으면서 한 알을 집고(손에 다섯 알), 이렇게 네 알까지 한다.

60대 정도로 보이는 일본 할머니는 어려서 오테다마お手玉라는 콩주머니 놀이(일본 이름은 '오자미')를 노래를 부르며 했다고 한다. 크기가 공기알보다는 컸으며 곡물을 집어넣어서 했다고 한다. 저글링에 가까운 놀이다. 우리나라 할머니들도 이 놀이를 많이 알고 계셨는데 두 알이나 세 알을 잇달아 두 손으로 던지고 받고 돌리면서 일본 노래까지 부르기도 했다. 중국은 '石子', 타이는 돌을 잡는다는 뜻의 'Mark-Keb', 방글라데시는 다섯 개의 돌이라는 뜻을 가진 'five guti'라고 했는데, 조금 다른 점은 한 손만

네팔 어린이의 공기하는 모습, 2005.

쓰지 않고 두 손으로 올리고 받는다는 것이며, 눈에 띄는 점은 우리처럼 공기알을 손바닥 안으로 쓸어넣는 '알품기'가 있다는 사실이다.

이란에서는 돌이라는 뜻의 '쌩크'라고 부르는데 알까기와 마지막 남은 돌을 손안에 집어넣는 것이 우리 알품기와 같았다. 스무 살쯤 된 인도 델리에 산다는 여자도 공기놀이를 안다고 했다. 자기가 사는 곳에서는 돌이라는 뜻의 '긴따'라고 부른단다. 그녀는 잡은 것을 왼손에 옮겨놓고 했다. 채기(꺾기)를 하는 사람도 있었는데 우리와 같은 채기는 드물고 하나같이 손을 뒤집어 받는 채기밖에 하지 못했다. 흔히 하는 우리나라 꺾기를 보여줬더니 모두들 놀라워했다.

미국 친구들은 공기를 잘 몰랐다. 다만 '잭스Jacks'라는 게 익숙한 놀이였다. 잭스는 '던지는 돌'이라는 뜻의 'chackstones'에서 유래했는데 우리 공기와는 조금 다르다. 공깃돌 크기만 하게 삐죽 삐죽한 것들을 엇갈리게 이어 붙인 것과 작은 공 하나를 함께 가지고 논다. 위로 던진 공이 땅에 두 번 튀기 전에 잭을 집고 공을 받는 놀이다. 우리 공기처럼 판이 올라갈 때마다 집는 잭의 개수가 하나씩 올라간다. 공기놀이에서 보면 좀 단순하다.

미국 한인촌에 산다는 50대 아주머니가 일러주시기를 서머스쿨에 우리나라 공기와 고무줄이 크게 유행하고 있다고 하셨다. 미국 아이들은 모르는 공기놀이를 우리나라 아이들이 알려준 것이라고 한다. 하루는 가게에 있는데 미국 여자아이가 들어오더니 "Do you have Gonggi?"라고 해서 깜짝 놀랐다고 한다.

뉴질랜드에는 공기놀이와 비슷한 것으로 '너클본Knucklebone'이라는 놀이가 있었다. 뉴질랜드가 고향이라는 할머니와 재시(남, 25)에 따르면 너클본은 양의 발목뼈나 등뼈로 만든다고 한다. 이것은 몽골의 '샤가이'와 같은 것으로, 몽골 사람에게 물었더니 그들도 양이나 염소 뼈를 가지고 논다고 했다. 현지에 가서 보니 가축을 방목하는 곳에서는 뼈로 공기알을 삼아 하는 곳이 흔했다. 고대 그리스에서 동물 뼈로 점치던 것이 바뀌어 공기놀이가 되었다는 말도 전한다. 캐나다에서 왔다는 멜리사 마틴(여, 33)이 보여준 너클본 솜씨 가운데 우리 '알품기'와 같은 것이 있었다. 잭스는 스코틀랜드에서 유래했고 너클본은 영국에서 유래했다는 말도 했다. 왜 '너클본'인가 하면, '알품기' 같은 것을 할 때 손안으로 공기를 집어넣는데 그 손뼈가 너클Knuckle이기 때문이다.

네덜란드의 화가 피터르 브뤼헐이 1560년에 그린 「어린이 놀이」라는 그림을 보자. 화면 왼쪽 아래 구석을 보면 공기놀이를 동물

뼈로 하는 모습이 보인다.

우리나라 공기놀이도 돌만 가지고 하는 것은 아니다. 서해 도서지역같이 바다와 가까운 곳은 고둥 껍질, 소라껍데기, 꼬막 따위로 놀았다. 콩을 갖고 했다는 분을 만나기도 했다. 이 밖에도 살구씨 같은 열매 씨나 논흙을 동그랗게 만들어 하루 동안 말려서 하는 이들도 있었다. 안동에서는 공기놀이를 자새 또는 짜개라고

「놀이」, 피터르 브뤼헐, 1560.

하는데 윷을 가지고 공기놀이처럼 하는 '짜개윷'이라는 것도 있다. '짜개'는 콩, 팥 등을 둘로 짜갠 한쪽을 가리키는 말이다. 짐작건대 '짜개'가 자갈이 아닌가 하는 생각도 드나 분명하지는 않다. 다만 공통점은 '다섯 알'을 가지고 논다는 것이다.

지금까지 아시아를 중심으로 여러 나라의 공기놀이를 살펴보았다. 그러면서 공기놀이가 세계에 보편적으로 퍼진 놀이임을 새삼스럽게 알았고, 까불이, 알품기, 알까기가 고루 퍼져 있다는 사실도 알게 되었다. 아이들은 손발을 써서 마음과 바깥세계를 잇는다. 아이들의 손발은 세계와 만나는 창이다. 그런 까닭에 손을 쓰는 놀이는 아이들의 마음과 정신, 육체와 세계를 일깨우는 데 참으로 중요하다. 공기놀이의 놀잇감은 퍽 단순하다. 그렇지만 놀잇감은 단순할수록 좋다. 아이들이 채울 부분이 그만큼 많아지기 때문이다. 돌 다섯 개만 가지고 하는 손놀이는 몸과 마음, 바깥과

동무를 하나로 이어주기에 모자람이 없다.

또 아이들은 공기놀이를 하면서 정교하고 섬세한 근육을 쓸 수 있으며 고도의 집중력과 끈기를 자연스럽게 기른다. 이렇게 공기 놀이에 몰입하다보면 재미를 넘어 평화로움과 만나게 된다. 공기 놀이에 빠져든 아이들을 보면 마치 깊은 명상에 빠져 있는 듯 보이는 까닭이 여기에 있다. 더불어 아이들은 자기가 골라서 가지고 놀던 공깃돌에 애착을 느낀다. 다음 날 쓰려고 흙 속에 곱게 파묻어놓기도 한다. 이런 놀이를 하면서 생긴 놀잇감에 대한 애착은 다른 일을 할 때도 이어진다. 공기놀이는 교구놀이나 가베처럼 인간과 사물의 관계를 중시하는 것이 아니라 인간과 인간을 공깃돌 다섯 알로 따뜻하게 이어주는 놀이이며, 그런 점에서 게임과는 다르다. 공기놀이를 하면서 아이들끼리 어울려 노는 모습은 비싸고 복잡한 장난감을 가지고 홀로 노는 모습보다 그래서 아름답다.

여름바람이 그립고 연鳶 또한 그렇지

인도 바라나시의 갠지스 강으로 건너가보자. 여기에 온 이방인들은 이내 숙연해진다. 강가에서는 화장하는 모습을 자주 그것도 아주 가까이서 볼 수 있고, 그 냄새 또한 피할 수 없이 강렬하게 코로 스며들기 때문이다. 그렇지만 이곳을 찾은 인도 사람들은 무척 행복해한다. 바라나시를 흐르는 갠지스 강 때문이다. 사람들은 이 강이 '강가 여신'의 몸이라 나쁜 것들을 흘려보내도 조금도 더럽혀지지 않는다고 믿는다. 들리는 말에는 민물 돌고래가 살 정도

인도 갠지스 강 위를 나는 연, 2005.

로 깨끗한 물이라고 하지만 이방인이 보기에 물은 탁하다.

강 아래쪽에 있는 화장터에서는 시신 타는 냄새와 함께 이따금 시신의 머리와 배가 터지는 소리가 들려오고, 또 가끔은 덜 탄 시신이 강물에 떠내려오며, 개들은 덜 탄 시체를 찾아 근처를 맴돌면서 어슬렁거린다. 인도 사람들은 그 물에 빨래나 목욕을 하고 더러 마시기도 하면서 플라스틱 통에 물을 길어 집으로 가져간다. 갠지스 강물은 모든 것을 정화한다고 믿기 때문이다. 이처럼 인도는 믿음이 중요한 나라다.

이곳을 찾은 타지의 여행자들은 너나없이 살고 죽는 것이 대체 무엇인가 하는 생각에 잠기는 듯하다. 나 또한 슬픔과 두려움 그리고 삶의 덧없음에 짓눌려 화장터를 스쳐 지나다가 문득 하늘을 올려다보았다. 그때 연이 보였다! 어디서 누가 실을 감아쥐고 날리는지 다 모를 정도의 많은 연이 바라나시 하늘에 떠 있었다. 강가에서, 집 옥상에서, 화장터 굴뚝 아래에서, 계단에서, 심지어는 배 위에서까지 아이들이 연을 날리고 있었다.

바라나시에 가면 꼭 한번 연을 날려볼 것을 권한다. 갠지스 상가의 화장터에서 뿜어져 올라오는 연기, 그리고 그 위를 나는 아이들이 띄운 수많은 연의 겹침은 무언가를 이야기한다. 나는 그것이 무엇일까 생각했다. 연을 날리는 아이들은 내게 삶을 지나치게 심각하게 받아들이지 말라고 말하는 듯했다. 놀아라, 놀아라. '오직 살고 오직 놀아라', 이렇게 말하는 것 같았다. 죽음과 삶이, 늙음과 젊음이, 고통과 놀이가 스쳐 지나가면서 어우러지는 풍경을 만들어내는 곳이 갠지스 강가다.

화장터의 타들어가는 시신 앞에서 너무 마음 죄지 말고, 고개 들어 하늘에 뜬 많은 연과 그 연을 날리고 있는 아이들을 볼 수 있다면 삶은 또 다른 기운으로 넘칠지도 모른다. 적어도 나는 그런 기운을 아이들과 하늘에 떠 있는 연으로부터 받았다.

물에 빠뜨릴 듯 강바닥으로 내리꽂히다가 다시 하늘로 솟구치게 하는 아이들의 빛나는 연 다루기 솜씨란 신기神技에 가까웠다. 전후좌우 연 머리가 방향을 바꿀 때 재빠르게 실을 잡아당겨 우리나라 방패연처럼 마음대로 움직이는 연을 가만 보니, 모양은 우리 가오리연이지만 연살 붙이는 순서가 기둥살을 붙이고 허릿살을 붙여 차이가 났다. 가오리연에서 꼬리를 떼내어 방패연의 자유로움을 얻은 연……. 그러나 생각해보라, 꼬리가 없는 가오리연을 하늘에 띄울 수 있겠는가. 나도 연을 날려봤지만 쉽지 않은 일이었다. 인도는 아이나 어른이나 기술이 없으면 살 수 없는 곳인 모양이다. 아이들 놀이도 어른의 일도 기술을 요하니 말이다.

떨어진 연을 고치는 아이들, 2005.

하나에 1~2루피(우리 돈으로 20~50원) 하는 연, 또 1~2루피씩 받고 끊어서 파는 연실. 잘사는 집 아이들은 가게에서 사서 날리고, 형편이 어려운 아이들은 만들거나 다른 아이들이 떨어뜨린 연을 주워 풀로 붙이고 종이로 때워 날린다. 이렇게 우리나라를 떠나 멀리 와서 보는 연은 또 얼마나 반갑던지……

갠지스 강 이편이 구원받은 땅이라면 강 건너편은 버림받은 땅이라고 한다. 그러나 건너편 불가촉 천민촌에 사는 아이들이 이편을 향해 연 날리는 모습을 보면서 놀이란 또 이런 경계에서마저 자유로운 것임을 알겠다. 바라나시를 벗어나면 언제 그랬냐는 듯 하늘의 연은 스르르 자취를 감춘다. 바라나시 아이들은 왜 그토록 연을 많이 날리는 것일까. 갠지스 강바람이 있어서일까……. 나는 바라나시를 이렇게 기억한다. 하늘에는 영광, 땅에는 축복이 아니라 하늘에는 연, 땅에는 자치기!

바라나시에서는 매년 1월 14일을 전후해 동틀 무렵부터 저물녘까지 큰 연 축제가 벌어지는데 우리나라의 송액연처럼 마지막 날에는 모든 연줄을 끊어 하늘로 날려 보낸다고 한다. 이즈음에는 인도 전역에서 연 날리는 모습을 볼 수 있다. 그런데 바라나시는 1년 내내 연을 날린다. 연을 얼마나 많이 날리는지, 연 가게만 모여 있는 상가가 있을 정도다. 인도 북부 구자라트에서는 규모가 꽤 큰 연 축제가 벌어진다. 어쩌면 이렇게 우리와 연 날리는 시기나 풍습까지 똑같은지 모르겠다. 그러나 이상할 것도 없지 않은가. 아이들은 무엇이든 날리고 싶어하는 존재이니 말이다. 날리고 싶어하는 마음이 그들의 본성이고 인간의 본성 아니겠는가. 무엇이든 지금 날리지 못하고 있다면 그 아이와 사람은 아픈 존재일 수 있다.

놀이를 찾아 아우랑가바드를 돌아다니다가 숨이 멎을 듯한 풍경과 맞닥뜨렸다. 골목 모서리를 꺾어 들어서는데 앞에 커다란, 우리나라로 치면 당산나무 정도 되는 나무가 앞을 턱 가로막아 섰다. 그것을 보는 순간 가슴이 먹먹해지더니 눈물마저 핑 돌았다. 나무를 뒤덮고 있는 무수한 연이 나를 그렇게 만들어버렸던 것이다.

연나무라고 해야 할까. 연들이 나무 열매처럼 매달려 있었다. 도대체 이 동네 아이들이 얼마나 많은 연을 날렸기에 저 큰 나무가 온통 끊어진 연으로 뒤덮였단 말인가. 정월 대보름에 줄다리기가 끝나면 그 줄을 당산나무에 감아놓은 모습이 겹쳐 떠오를 정도로 이 나무는 연으로 뒤집어 발라놓은 듯 보였다. 놀이가 되려면 이렇듯 여러 아이와 여러 사람이 절대적인 시간을 쏟아부어야만 한

인도의 한 나무에 걸려 있는 연들, 2005.

다는 것을 다시금 깨닫는다.

경북 의성에 사시는 할아버지께 연을 만들고 날리는 법을 배우던 때가 생각난다. 할아버지께서 태어나기 전에 어른이 돌아가셨다고 했다. 살림살이도 넉넉지 못한 처지였다. 그런 소년이 연을 만나 다른 세상을 알게 되었다고 하셨다. 어린 시절 땅 위에 할아버지 것이라고는 아무것도 없었지만, 연을 날리는 찰나 연 아래 온 세상이 내 것이 되는 느낌이었다고 하셨다.

이런 사무치는 기억이 지금까지 연을 손에서 놓지 않고 계신 까닭이라는 것을 알았을 때, 놀이 하나가 참 대단한 몫을 할 수 있다는 생각이 들었다. 지금까지도 연줄의 팽팽한 기억이 아직 손끝에 남아 있는 어른은 어린 시절을 행복하게 보낸 사람이다. 매운 겨울바람에 손이 얼어 터지는 줄도 모르고 밖에서 연을 날리며 우리만큼 하늘을 오랫동안 바라보았던 세대도 없을 터이다. 어른이 되어 거친 세상을 살아가는 힘 또한 바로 이런 작은 놀이에서 길러진 것은 아닐는지. 지금 우리 아이들에게 무엇보다도 필요한 것은 이처럼 놀며 길러지는 힘 아닐까. 날이 덥다. 연을 날릴 수 있는 바람이 그립다. 바람이 불면 나는 아이들과 연을 만들어 날리리라.

뱀주사위 놀이는 어디서 온 것일까

우리나라에 살면서 지금 마흔 살이 넘었다면 뱀주사위 놀이를 모르는 사람은 없을 것이다. 이 질문은 다른 나라 사람한테도 똑같이 할 수 있다. 재미있는 점은 어디서나 같은 대답을 듣는다는 것이다. 즉 우리나라 다른 나라 할 것 없이 모두 알고 있다. 아시아와 중동의 이곳저곳을 다니며 아이들이 뱀주사위 놀이를 하는 것을 여러 번 보았는데 그때마다 드는 생각은 '이 놀이는 도대체 어디서 온 것일까'였다.

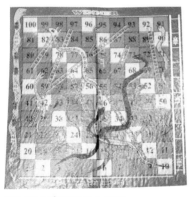

인도에서 본 뱀주사위 놀이, 2005.

우리로 치면 문방구 같은 데서 뱀주사위 놀이판을 팔았는데, 어렸을 때 우리가 갖고 놀던 뱀주사위 놀이판과 똑같아 궁금증은 더해만 갔다. 인쇄 상태도 어렸을 때 우리가 가지고 놀던 놀이판과 크게 다르지 않아 더욱 그랬다. 이렇듯 눈에 띄다보니 이참에 뱀주사위 놀이가 어디서 어떻게 생겨난 것인지 한번 따져보고 싶었다. 이런 궁금증이 나를 다른 나라 아이들 놀이 속으로 데려가는 보이지 않는 힘이 되는 것 같다.

네팔의 야생동물 공원이 있는 치투완에서도 뱀주사위 놀이판을 보았다. 반가운 마음에 어떻게 하는지 물었더니 우리가 놀았던 방법 그대로였다. 혹 기억이 나지 않는 이들을 위해 잠시 설명하면, 주사위 숫자대로 한 칸씩 앞으로 가다가 운 좋게 사다리를 만나면 몇 줄을 뛰어넘어 위로 오를 수 있지만, 혹 가다가 뱀한테 물리면 저 아래로 곤두박질치게 된다. 조금 다른 점은 처음에 반드시 1이 나와야 출발한다는 것이었다.

이 뱀주사위 놀이를 요즘 컴퓨터 속에 들어 있는 많은 게임과 견주면 단순하기 짝이 없는 따분한 것일지도 모르겠다. 그렇다면 요즘 아이들과 뱀주사위 놀이를 하면 어떨까? 싫어할까? 전혀 그렇지 않다. 좋아하는 아이를 여럿 보았는데, 상대편을 따돌리고 저만치 앞서가다가도 결승점 코앞에서 뱀한테 물려 아래로 순식간에 떨어지는 재미가 남다르기 때문이리라. 아날로그 보드게임의 원형이라고 할 수 있는 놀이에 요즘 아이들도 열광하긴 마찬가지였다. 세대를 달리해도 이어지는 놀이의 힘이란 바로 이런 게 아닐까.

요즘 아이들 가까이에는 재미있는 놀이가 넘쳐난다. 그렇다고 아이들 놀이 문화가 풍요롭다고 할 순 없다. 우리 어렸을 때 놀이란 것이 고작 뱀주사위 정도였지만 그렇게 척박한 것은 아니었다. 우리는 뱀주사위판 둘레에 모여 굴러떨어지는 주사위 숫자를 뚫어지라고 눈을 맞추며 시간을 보냈다. 그것은 아주 훌륭한 몰입의 시간이었다. 우리는 주사위 하나와 종이 놀이판 한 장에 무슨 까닭에서 그렇게 몰입할 수 있었던 걸까. 혹 뱀주사위 놀이에 우리를 남다른 재미의 세계로 이끌어주던 뭔가가 있었던 것은 아닐까.

뱀주사위 놀이를 하던 내 어린 시절로 좀더 깊이 들어가봐야겠

다. 돌이켜보면 내가 이 놀이를 하면서 들었던 감정의 변화는 그야
말로 변화무쌍함 그 자체였던 것 같다. 앞으로 달음박질, 주사위
숫자에 따른 환호와 한숨, 동무의 방해, 그리고 방해를 벗어나고
추격을 저만치 따돌렸을 때의 편안함과 해방의 즐거움, 그러다가
아차 하는 순간 뱀에 물려 나락으로 떨어질 때의 그 아득함이라
니! 사실 뱀주사위 놀이는 우리가 인생에서 맛볼 수 있는 거의 모
든 감정과 일찍이 만나게 해주었던 듯하다. 우리가 사는 세상은 뱀
주사위 놀이판에서 볼 수 있듯이 뱀이 우글거리는 세상일지도 모
른다. 많은 뱀을 피해 결승점 가까이까지 갔어도 99번째 마지막
한 칸에 또 가장 큰 뱀이 기다리고 있는 것이 인생일지 모른다. 설
령 그 뱀에 물려 바닥으로 떨어져도 다시 한 칸씩 나아가야 함을
잊지 않고 일깨워준다.

뱀주사위 놀이는 애초에 유혹과 함정과 타락이 춤추는 속세
를 벗어나 하늘이나 깨달음의 세계에 이르는 과정을 보여주는 구
도의 놀이로 시작되었다. 지금 세상을 돌아다니는 뱀주사위판은
유럽에서 이런 구도의 성격을 지우고 단순화시켜 게임으로 만든
놀이판이다. 본디 뱀주사위 놀이판 꼭대기에는 마지막 숫자인
100을 지나 신의 세계나 천당과 같은 천상의 세계가 그려져 있다.
그러던 것이 우리나라에 들어와서는 공부 안 하면 뱀, 심부름하
면 사다리라는 모양의 뱀주사위판이 만들어지기까지 한 것이다.
놀이에조차 공부 잘하는 아이와 착한 아이의 가치관이 들어온 셈
이다.

뱀은 그렇다 치고 사다리는 과연 무엇을 의미하는 걸까. 나는
이 사다리가 깨달음의 길을 가는 구도자에게 신이 주는 사랑, 은

혜, 구원의 손길이라는 생각을 해보았다. 산다는 것에 지칠 대로 지쳤을 때, 신은 사람을 그냥 내버려두지 않는다는 것을 뱀주사위 놀이판의 사다리가 상징적으로 보여주는 것 같다. 그러니까 사다리는 신이 고통의 세계에 사는 속세의 사람에게 내린 한 줄기 샘물인 셈이다. 구원으로서의 사다리를 만났을 때 우리는 다시 힘을 내 한층 성숙한 사람으로 구도의 여행을 떠날 수 있지 않겠는가. 한낱 게임에 지나지 않는다고 생각했던 뱀주사위 놀이가 내게 절실하게 다가오는 것은 이 때문이다.

11장

레코드 음반은
문학을 어떻게 바꿨나

◉

노래로 들어보는 한국 문학사

이동순

문학인들, 가요시 창작에 뛰어들다

　가요사는 문학사와 어떤 관계에 있을까? 이는 당대 가요사를 깊이 있게 이해하려 할 때 가장 먼저 제기되는 질문이다. 여기에 답하려면 가요사를 형성하는 데 참여했던 문학인들의 활동을 구체적으로 살펴봐야 할 텐데, 그렇다면 왜 문학인들은 문단활동만이 아닌 가요시歌謠詩 창작에까지 심혈을 기울였던 걸까? 특히 1920년대 후반부터 일제강점 말까지는 문학인들이 유난히 가요시 창작에 몰두했는데, 이는 장르의 새로운 확장이란 면에서 주목할 만한 현상이다.

　자기 시대의 삶과 시공간적 현실을 해석하고 반영한다는 점에서 가요사와 문학사는 공통점을 지닌다. 뿐만 아니라 특정 사물이나 대상을 상상력을 관통시켜 언어적 구조물로 만들어낸다는 점에서도 두 영역은 통한다. 전통에 대한 해석과 분별 혹은 수용 면에서도 마찬가지다. 하지만 시가 언어적 구조물로 제한되는 반면, 가요시에는 작곡이 뒤따라야 한다는 점이 다르다.

두 장르의 작품이 향유되는 방식 또한 차이가 난다. 시는 활자화된 간행물을 통해 독자가 음미하거나 되새기면서 작품을 감상하며, 정신적 삶에 그 미적 효과를 보태거나 양식으로 활용한다. 반면 가요시는 축음기나 전축 등을 통해 음반에 담긴 노래를 듣고 역시 그 미적 효과가 문화적 삶에 반영되도록 하는 것이다. 물론 두 영역 모두에서 반복적인 감상과 즐김이 있지만 가요작품의 폭발적 잠재력은 훨씬 더 크고 집단적이며 위력을 떨친다. 한번 인기가 오른 가요는 성별과 노소, 지역, 계층을 가리지 않고 두루 가창되며 영역을 넓혀나간다. 이에 비해 문학작품은 그 효과가 상대적으로 제한적이며, 세력을 갖는 시기가 비교적 짧다.

그렇다면 식민지 시대 문학인들이 문학활동을 하면서 왜 그토록 가요시 창작에 특별한 관심과 노력을 경주했던 걸까? 거기엔 시대적 배경이 서려 있다. 식민 시대 문단에는 창작을 위한 발표 공간이 매우 제한되어 있었다. 대체로 명망 높은 문학인과 특정 유파를 중심으로 동인지나 문학 잡지들이 출판됐기에 시작품 발표 공간이 풍부하지 않았다. 그리하여 문학인들은 시를 발표

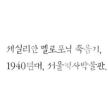

세실리안 멜로포닉 축음기,
1940년대, 서울역사박물관.

할 다른 영역으로 눈을 돌렸는데 그것이 바로 가요와 문학이 배합되는 가요시 분야였다. 물론 문학인들이 참여하기 전부터 전문적인 작사가들이 이 분야에 종사하고 있었지만 그들의 작품은 문학성과 예술성 면에서 완성도가 떨어지기도 했다.

이런 환경에서 문학인들의 가요시 창작은 기존 가요들을 좀더 대중성 있고 예술적으로 품격 있게 만드는 계기가 되었다. 뿐만 아니라 한정적인 문단 공간에 비해 가요시 작품 발표 공간은 레코드 회사마다 무제한으로 개방되었고 대중과 소통할 수 있는 공간으로서 문학인들에게 가요시 작품의 창작과 발표는 상당히 매력적인 출로가 된 것이다.

검열, 발표 금지, 압수……
식민지 시기 대중문화운동과 실천으로서의 가요시

식민지 시대의 모든 간행물과 출판물은 사전 검열과 감시를 받았다. 음반도 예외는 아니었다. 특히 문학작품에서는 작가의 표현의식과 현실에 대한 관점, 이념적 반응이나 가치관이 철저한 검속 대상이었다. 이 때문에 검열에 의한 발표 금지, 압수 따위의 결정으로 발표 자체를 거부당하는 예가 허다했다. 일제 당국은 통치자에게 조금이라도 불순한 의도를 품거나 불평불만을 담은 작품은 발표되지 못하게 막았다.

이에 문학인들은 작품의 주제의식이나 표현을 모호하게 처리했고, 결국 작품과 독자 사이의 소통은 원활히 이뤄지지 못했다. 이런 점은 문학 분야의 고정 독자를 뚜렷이 감소시켰다. 더욱이 일본을 통해 유입된 서구적 문예 사조와 그 흐름의 일단, 이를테면 낭만주의, 감상주의, 허무주의, 퇴폐주의 등의 창작 방법론과 결합되어 그 모호성이나 중심의 해체는 더욱 증폭되었다. 이런 시기에 대중문화의 효과와 기능에 주목하고 특별한 신뢰를 보였던 일군의 문학인이 가요시 작품활동에 적극적으로 나섰다.

그들은 시인, 소설가, 극작가, 아동문학가 등 다양한 장르에서 활동해왔으며, 그들의 관심은 하나같이 가요시를 통해 식민지 시대 대중이 삶의 고단함과 시련에 대한 위로나 격려를 받고 의식에 변화를 일으키는 것이었다. 나아가 우리 국민의 시공간적 환경 속에서 삶의 질이 근원적으로 개선되기를 갈망했다. 그들은 비록 문화운동이라는 슬로건을 내세운 단체를 결성하진 않았지만 저마다 작품 발표를 통해 대중적인 문화운동을 이뤄나갔던 것이다.

이는 종래의 문단활동에서 보여주던 방식과는 사뭇 달라 가요가 어떻게 대중에게 적절히 활용되어 문화적 가치와 품격을 더해갈 수 있는가에 대한 고민과 해답으로 다가왔다. 식민지 시대 가요시 작품의 위상을 시급히 재조명해야 하는 이유다.

가요시 만들기 전면에 나섰던 소설가와 시인

가요시 창작에 참여했던 문학인으로는 누가 있을까? 먼저 시인으로는 이광수(1892~1950), 최남선(1890~1957), 주요한(1900~1979), 김팔봉(1903~1985), 김동환(1901~?), 홍사용(1900~

1947), 박세영(1907~1989), 유도순(1904~1943), 김형원(1901~?), 노자영(1901~1940), 이은상(1903~1982), 조영출(1913~1993), 이하윤(1906~1974), 김억(1896~?), 신고송(1907~?), 김종한(1916~1944), 장만영(1914~1975), 신불출(1905~1976), 김태오(1903~1970), 강승한(1918~1950), 김병철, 김익균, 남궁랑, 박노춘, 박화산, 고마부, 한명천 등이 있다.

소설가를 꼽자면 윤백남(1888~1954), 박노홍(1914~1982), 송영(1903~1978), 정비석(1911~1991), 이선희(1911~?), 김영수(1911~1977) 등을 들 수 있다. 극작가 출신으로 가요시 창작을 병행했던 문학인으로는 이서구(1899~1981), 유치진(1905~1974), 조영출, 박영호(1911~1953), 서항석(1900~1985) 등을 꼽을 수 있다.

또 아동문학가로는 방정환(1899~1931), 윤극영(1903~1990), 윤복진(1907~1991), 윤석중(1911~2003), 이원수(1911~1981), 마해송(1905~1966), 이정구 등이 있었다. 평론가 혹은 수필가로는 정인섭(1905~1983), 이헌구(1905~1983), 김소운(1907~1981) 등을 빼놓을 수 없다. 이들은 주로 자기 장르에서의 활동을 가요시 창작과 접맥해나갔다. 특히 시인들은 자유시를 쓴다 해도 가요시를 창작할 때는 외형률로 정돈된 형태의 작품을 썼다.

당시 문단에서 비중이 꽤나 높았던 이광수, 최남선은 가요 음반을 제작하는 레코드 생산자들로부터 직접 참여 요청을 받았고, 이에 대한 동의를 거쳐 소수의 작품을 발표한 것으로 확인된다. 특히 이 두 사람은 문단에서 역할이 컸던 터라 대중으로 하여금 군국주의 체제에 자진해서 협력하도록 하는, 이른바 시국가요(혹은 군국가요)의 제작과 생산 채널에 동원되기도 했다. 김동환, 홍사용

시인은 자신들이 이전부터 추구해온 전통적인 민요시 형태를 그대로 가요시 음반에 반영해 대중화를 적극적으로 이끌어나갔다.

이하윤과 김억 시인의 활동 양상은 좀 특이하다. 그들 자신이 식민지 시대에 서울의 방송국에서 프로그램 제작자로 활동한 바 있기에 자연스럽게 대중문화의 중요 장르로서 가요시 창작과 관리에 적극 참여하게 되었던 것이다. 시인 유도순, 조영출을 비롯해 극작가 박영호는 레코드 회사와의 친분을 바탕으로 가요시 창작을 선도해나갔다. 특히 조영출은 1930년대 당시 신문사 등에서 뽑았던 가사 공모에 당선된 것을 기점으로 여러 레코드 회사에서 가요시 작품을 전담하다시피 했다.

아동문학가 방정환을 비롯한 이들은 초기에 아동문학연구회를 중심으로 그들의 창작 결과물을 가요시 음반 제작에 활용해 동요를 집중적으로 발표했다. 신불출은 원래 요즘의 만담이나 개그에 해당되는 스케치, 난센스 등의 장르에서 활동하는 작가였으나 틈틈이 시조를 발표하기도 했다. 이들 문학인 중 가장 많은 가요시를 발표한 인물은 조영출, 박영호, 이서구, 박노홍, 유도순, 이하윤, 김억이다. 그 외에는 대체로 몇몇 작품을 통해 자신의 소박한 관심을 드러냈다.

레코드 회사, 문학인들의 활동 터전이 되다

식민지 대중문화계에서 단연 두각을 나타냈던 분야는 음반제작

산업이었다. 1920년대 후반에 시작된 레코드 음반제작 산업은 일제강점 말까지 계속되었으며, 1930년대 중반에 정점에 이르렀다. 당시 서울에는 여러 레코드 회사가 지사를 차려두었다. 그들은 레코드 제작·생산뿐 아니라 가수 발굴, 레코드 광고와 판매 등을 통해 기업 이미지를 구축하려는 적극적인 마케팅 방안을 모색했다. 그런 활동을 좀더 원활히 하기 위해 평소 대중문화계에서 활동하던 책임자를 앉혀 사업 규모를 키워나가려 했다.

　당시 서울에서 활동하던 레코드 회사로는 빅터레코드를 비롯해 콜롬비아, 오케, 폴리돌, 태평, 리갈, 시에론, 이글, 닛토, 코라이, 닙본노홍, 디어, 기린, 밀리온, 쇼치쿠, 킹, 스타, 뉴코리아, 톰보우, 리베라 등을 들 수 있다.

　빅터레코드사에서 활동했던 문학인으로는 1932년부터 1938년까지의 발표 목록을 볼 때 이광수, 주요한, 남궁랑, 이정구, 조명암, 김팔봉, 장만영, 박노춘, 박화산, 윤백남, 송영, 박노홍, 정인섭, 박영호 등이 확인된다. 또 콜롬비아레코드사에서 활동했던 문학인으로는 1929년부터 1940년까지 이은상, 윤복진, 김석송, 홍사용, 김억, 조명암, 노자영, 김익균, 김종한, 고마부, 김병철, 방정환, 윤극영, 윤석중, 김소운, 정인섭, 이헌구, 박영호, 서항석, 유치진, 박노홍, 이선희, 김영수, 이서구, 유도순 등이 있다.

　오케레코드사에서 활동했던 문학인으로는 1932년부터 1938년까지 김동환, 신불출, 박세영, 김태오, 조명암, 김종한, 정비석, 박영호, 이서구 등의 이름을 찾아볼 수 있다. 폴리돌레코드사에서는 1934년 한 해 동안 조명암, 박영호 등이 활동을 펼쳤고, 태평레코드사에서는 1936년부터 1943년까지 박영호, 조명암, 장만영, 이광수, 이서구, 유도순, 이선희 등이 가요시를 발표했다. 시에론레코드사를 통해서는 남궁랑, 강승한, 유도순, 조명암, 마해송, 박영호 등이 1934년과 그 이듬해까지 가요시 작품활동을 펼쳤고, 이글레코드사에서는 1931년부터 이듬해까지 김태오, 박노춘, 윤복진, 윤석중, 홍사용 등이 활동했다. 콜롬비아레코드사의 자회사였던 리갈레코드에서는 1934년 한 해 동안 이정구, 윤복진, 조명암, 신고송 등이 활동했다.

문학인들의 활동 터전을 세밀히 분석해보면 인기 가요시를 창작해 음반 판매가 목표량을 넘어섰을 때 여러 레코드 회사에서 그들의 활동을 보장받았음을 알 수 있다. 아마도 레코드 회사 쪽에서 인기 가요시 작가에게 먼저 작품 청탁을 했을 것이다. 조명암, 박영호, 이서구 등이 바로 그런 작가였다.

시대를 휩쓸었던 가요시 작품

식민지 시대 레코드 회사에서 음반으로 가요시를 발표한 문학인들의 대표 작품으로는 어떤 것들이 있을까? 필자는 일찍이 분단시대 매몰 문학인 조명암의 시작품을 연구해서 엮었던 『조명암시전집』을 통해 그가 발표한 가요시 목록을 정리한 적이 있다. 그는 가요시를 발표할 때 여러 필명(조명암, 조영출, 이가실, 금운탄 등)을 사용해 목록이 더 추가될 수도 있지만, 당시 정리한 작품 수는 406편 정도였다. 조영출의 대표적인 인기 가요시로는 첫 작품 〈서울노래〉(안일파 작곡, 채규엽 노래, 콜롬비아 40508, 1934. 4)를 비

남인수, 1950년대, 서울역사박물관.
이난영, 1950년대, 서울역사박물관.
두 사람은 일제강점기뿐 아니라 이후에도 지속적으로 인기를 끌었다.

롯해 다음과 같은 작품을 꼽을 수 있다.

〈알뜰한 당신〉(전수린 작곡, 황금심 노래, 빅터 KJ-1132, 1937. 12)

〈꼬집힌 풋사랑〉(박시춘 작곡, 남인수 노래, 오케 12110, 1938. 3)

〈앵화폭풍櫻花暴風〉(박시춘 작곡, 김정구 노래, 오케 12111, 1938. 3)

〈청노새 탄식〉(손목인 작곡, 남인수 노래, 오케 12122, 1938. 4)

〈총각진정서〉(박시춘 작곡, 김정구 노래, 오케 12147, 1938. 6)

〈바다의 교향시〉(손목인 작곡, 김정구 노래, 오케 12140, 1938. 7)

〈꼴망태 목동〉(김영파 작곡, 이화자 노래, 오케 12190, 1938. 12)

〈세상은 요지경〉(김영파 작곡, 김정구 노래, 오케 12203, 1939. 1)

〈어머님전 상백上白〉(김영파 작곡, 이화자 노래, 오케 12212, 1939. 1)

〈울며 헤진 부산항〉(박시춘 작곡, 남인수 노래, 오케 20006, 1939. 12)

〈화류춘몽花柳春夢〉(김해송 작곡, 이화자 노래, 오케 20024, 1940. 3)

〈꿈꾸는 백마강〉(임근식 작곡, 이인권 노래, 오케 31001, 1940. 11)

〈진주라 천리길〉(이가실 작사, 이운정 작곡, 이규남 노래, 콜롬비아 40875,
1941. 9)

〈낙화삼천落花三千〉(김해송 작곡, 김정구 노래, 오케 31084, 1942. 1)

〈목포는 항구〉(이봉룡 작곡, 이난영 노래, 오케 31103, 1942. 5)

〈낙화유수落花流水〉(이봉룡 작곡, 남인수 노래, 오케 31100, 1942. 5)

〈어머님 안심하소서〉(김해송 작곡, 남인수 노래, 오케 31146, 1942. 12)

〈울어라 은방울〉(김송규 작곡, 장세정 노래, 오케, 1946)

위의 작품들은 웬만한 가요팬들에게는 친숙한 가사와 곡조다.
작사가 반야월만 하더라도 조명암과 박영호를 한국 가요사 초창기
의 양대 산맥에 비유하면서, 조명암을 중국의 시선詩仙 이백, 박영
호를 시성詩聖 두보에 견준 바 있다.

한편 박영호의 가요시는 모두 155곡으로, 콜롬비아레코드사
를 통해 62편, 오케레코드사를 통해 59편, 태평레코드사를 통

해 34편을 발표했다(그는 처녀림處女林이라는 필명을 함께 썼다). 그의 가요시 가운데 지금까지도 가요팬들에게 인기를 모으는 대표 작품을 꼽으면 다음과 같다.

〈옵빠는 풍각쟁이〉(김송규 작곡, 박향림 노래, 콜롬비아 40837, 1938. 11)

〈짝사랑〉(손목인 작곡, 고복수 노래, 오케 1945, 1936. 12)

〈꼭 열일곱살이예요〉(박시춘 작곡, 장세정 노래, 오케 12062, 1937. 10)

〈울어라 문풍지〉(김해송 작곡, 이난영 노래, 오케 20016, 1940. 2)

〈번지 없는 주막〉(이재호 작곡, 백년설 노래, 태평 3007, 1940. 8)

〈산 팔자 물 팔자〉(이재호 작곡, 백년설 노래, 태평 3007, 1940. 8)

〈망향초望鄕草 사랑〉(이재호 작곡, 백난아 노래, 태평 3029, 1941. 3)

〈직녀성織女星〉(이재호 작곡, 백난아 노래, 태평 5018, 1941. 11)

〈북국오천키로〉(무적인 작곡, 채규엽 노래, 태평 8600, 1939. 1)

〈유랑극단〉(전기현 작곡, 백년설 노래, 태평 8602, 1939. 1)

이 두 작사가 외에 극작가 이서구(이고범이란 필명 사용)를 들 수 있다. 그의 대표곡으로는 〈홍도紅桃야 우지 마라〉(김준영 작곡, 김영춘 노래, 콜롬비아 40855, 1939. 4), 〈사랑에 속고 돈에 울고〉(김준영 작곡, 남일연 노래, 콜롬비아 40855, 1939. 4) 등이 있다.

시인 유도순(필명은 범오凡吾, 유순劉順, 범오帆吾, 홍초紅初)도 다수의 작품을 남겼는데 〈처녀총각〉(김준영 작곡, 강홍식 노래, 콜롬비아 40489, 1934. 2), 〈국경의 부두〉(전기현 작곡, 고운봉 노래, 태평 8640, 1939. 7), 〈봉자峯子의 노래〉(이면상 작곡, 채규엽 노래, 콜롬비아 40488, 1934. 1), 〈압록강 뱃사공〉(김준영 작곡, 강홍식 노래, 콜롬비아 40605, 1935. 4), 〈두만강의 비곡悲曲〉(박용수 작곡, 최명주 노래, 콜롬비아 40512, 1934. 5), 〈조선타령〉(전기현 작곡, 강홍식 노래, 콜롬비아 40565, 1934. 11), 〈울릉도 타령〉(김성파 작곡, 김창배 노래, 시에론 230, 1935. 1), 〈국경의 부두〉(전기현 작곡, 고운봉 노래, 태평 8640, 1939. 7), 〈통군정統軍亭 노래〉(한상기 작곡, 고운봉 노래, 콜롬비아 40895, 1942. 11), 동요 〈고드름〉(이정숙 노래, 리갈 C-166, 1934. 6) 등을 발표했다.

춘원 이광수는 자신의 시작품을 그대로 노래로 만든 〈새나라로〉(안기영 작곡, 안기영 노래, 빅터 49119, 1932. 3)와 연극 〈사랑〉(1~6)(이광수 극본, 김영수 각색, 전옥 박창환 김영춘, 세명 출연, 태평 5063-5, 1943. 3), 〈슬허진 젊은 꿈〉(전수린 작곡, 이애리수 노래, 빅터 49177, 1932. 12) 등을 발표했다. 안서 김억 시인(안서, 김안서, 김포몽 등의 필명 사용)은 〈그대를 생각하면〉(홍수일 작곡, 강홍식 노래, 콜롬비아 40687, 1936. 6), 〈술노래〉(홍수일 작곡, 강홍식 노래, 콜롬비아 40480, 1934. 1), 〈배따라기〉(홍수일 작곡, 강홍식 노래, 콜롬비

축음기 바늘통, 1950~1960년대, 서울역사박물관.

아 40501, 1934. 3), 〈꽃을 잡고〉(선우일선 노래, 폴리돌 X-511, 1939.
1) 등을 발표했다.

소설가이자 극작가로 활동했던 박노홍은 〈애수의 소야곡〉(이노
홍 작사, 박시춘 작곡, 남인수 노래, 오케 12080, 1937. 12), 〈사랑은 꿈
결〉(이노홍 작사, 전기현 작곡, 김인숙 노래, 콜롬비아 40784, 1937. 9)
등을 발표했다. 시인 이하윤은 〈섬색시〉(김준영 작곡, 정일경 노래,
콜롬비아 40506, 1934. 4), 〈고향에 님을 두고〉(원야위이原野爲二 작
곡, 채규엽 노래, 콜롬비아 40654, 3512) 등을 발표했다. 시인 김석송
(본명은 김형원)은 성우회聲友會 소속의 가수들을 통해 〈그리운 강남〉(김
석송 작사, 안기영 작곡, 김용환, 왕수복, 윤건영 노래, 콜롬비아 40177,
1931. 4) 등을 발표해 그의 우뚝한 명성을 드높였다.

노자영 시인은 〈님 생각〉(유일 작곡, 신카나리아 노래, 리갈 C-260,
1935. 2), 〈사랑의 노래〉(노춘성 작사, 전기현 작곡, 석금성 노래, 콜롬
비아 40626, 1935. 7) 등을 남겼다.

소설가 김영수는 〈대지의 항구〉(김영수 작사, 이재호 작곡, 백년설
노래, 태평 3028, 1941. 3), 〈복지만리〉(김영수 작사, 이재호 작곡, 백
년설 노래, 태평 3028, 1941. 3), 〈황혼의 언덕〉(김영수 작사, 이용준
작곡, 강남주 노래, 콜롬비아 44003, 1940. 5) 등을 발표했다.

주요한 시인은 테너 독창으로 녹음된 〈어머니와 아들〉(주요한
역, 안기영 작곡, 안기영 노래, 빅터 49119, 1932. 3) 등을 발표했다.
시인이자 비평가로 활동했던 김팔봉은 〈사공의 노래〉(김교성 작곡,
최남용 노래, 빅터 49273, 1934. 2)를 발표했다. 시인 고마부는 〈육
대도六大島 타령〉(고마부 작사, 홍수일 작곡, 강홍식 노래, 콜롬비아
40786, 1937. 10)을 발표했고, 김익균 시인(김광균 시인의 실제實弟다)

은 〈연애쌍곡선戀愛雙曲線〉(김익균 작사, 전기현 작곡, 유종섭 노래, 콜롬비아 40833, 1938. 9)을 발표했다.

소설가 이선희는 〈미운 사랑 고운 사랑〉(이선희 작사, 이용준 작곡, 유종섭 노래, 콜롬비아 40853, 1939. 4)을 발표했고, 시인 김병철은 〈흘으는 주막〉(윤기항 작곡, 강홍식 노래, 콜롬비아 40854, 1939. 4)을 발표했다. 시인 김태오는 〈짱아〉(김신명 작곡, 이정숙 노래, 이글, 1931. 9)와 혼성으로 부른 동요합창 〈해변의 소녀〉(김태오 작사, 조현운 작곡, 고천명·전명희·송보선·박정희·정경남 노래)을 발표했다. 소설가 정비석은 〈아츰의 출범出帆〉(정서죽[소설가 정비석의 본명] 작사, 손목인 작곡, 이난영 노래, 오케 1873, 1936. 3)을 발표했고, 박노춘 시인은 〈가을바람〉(홍난파 작곡, 서금영 노래, 이글, 1932. 1), 〈월광연月光戀〉(박노춘[이 음반에 한자는 朴魯春이 아닌 朴老春으로 되어 있다. 이름에 느낌의 변화를 주려는 시도로 추정된다] 작사, 형석기 작곡, 황금심 노래, 빅터 KJ-1160, 1938. 3)를 발표했다.

박화산 시인은 〈순정의 상아탑〉(박화산 작사, 전수린 작곡, 이규남 김복희 노래, 빅터 49482, 1937. 8)을 발표했고, 을파소乙巴素란 아호를 필명으로 썼던 시인 김종한은 〈가벼운 인조견을〉(정진규 작곡, 유선원 노래, 콜롬비아 40790, 1937. 11), 〈물길러 가세〉(송희선 작곡, 이은파 노래, 오케 12151, 1938. 7) 등을 발표했다. 장만영 시인은 〈출항〉(초적도草笛道 작곡, 최남용 노래, 태평 8251, 1936. 10)과 〈포구의 이별〉(전수린 작곡, 황금심 노래, 빅터 KJ-1266, 1938. 12) 등을 발표했다. 홍사용 시인은 번역가요 〈달빛 여힌 물가〉(홍로작[홍사용 시인의 아호] 역, 고하정남古賀政男 작곡, 김선초 노래, 콜롬비아 40269, 1931. 12)와 〈고도古都의 밤〉(홍로작 작사, 삼전양조杉田良造 작곡, 강석

연 노래, 콜롬비아 40284, 1932.1), 〈카페의 노래〉(홍로작 작사, 김선초 노래, 닙본노홍 K-8??, 1932. 10) 등을 내놓았다. 김동환 시인은 서 정소곡 〈섬색씨〉(김동환 작사, 문호월 작곡, 윤백단 노래, 오케 1520, 1933. 4)를 발표했다.

시조시인 이은상은 〈마의태자麻衣太子〉(이은상 작사, 안기영 작곡, 안기영 노래, 콜롬비아 40160, 1931. 2)를 발표했다.(콜롬비아레코드 사에서는 동일한 제목으로 유도순 작사의 음반 〈마의태자〉(유도순 작 사, 김준영 작곡, 미스코리아 노래, 콜롬비아 40530, 1933. 4)를 발매 한 바 있다.) 카프 계열의 시인 박세영은 주제가로서의 동요 〈갈매 기 신세〉(박세영 작사, 염석정 작곡, 정경남 노래, 오케 1804) 등을 발 표했다.

강승한 시인은 〈눈물지어요〉(김서정 작곡, 김성파 노래, 시에론 212, 1934. 10)를 발표했고, 수필가 김소운은 조선금융조합 기획으로 특 별히 제작한 〈권농가勸農歌〉(이종태 작곡, 채규엽 노래, 콜롬비아 A-163)를 발표했다. 동일한 제목의 다른 음반으로 강홍식, 조금자, 김선초 등이 함께 부른 음반이 콜롬비아레코드사에서 발매된 적이 있다.

소설가 엄흥섭은 동요 〈진달내〉(정순철 작곡, 윤현향 노래, 빅터 49123, 1932. 3)를 발표했고, 시조시인이자 유명 만담가였던 신불 출은 신민요 〈노들강변〉(문호월 작곡, 박부용 노래, 오케 1619, 1934. 1)과 스케치 장르로 제작한 〈장안풍경〉(상·하)(신불출 작, 신 불출 윤백단 출연, 오케 1531, 1933. 4) 등을 발표했다. 소설가 윤백 남은 〈열차식당〉(상·하)(윤백남 작, 윤백남·윤혁·이애리수·전수린 출연, 빅터 49102, 1932. 3)이란 난센스 작품을 발표했다. 소설가

송영은 극 장르로 제작된 〈신판 장한몽長恨夢〉(상·하)(송영 작, 심영 한은진 등 출연, 빅터 KJ-1162, 1938. 3) 등을 발표했다.

아동문학가 남궁랑은 가요시 〈흣터진 사랑〉(전수린 작곡, 전옥 노래, 빅터 49266, 1934. 2)과 〈방아찟는 색시의 노래〉(남궁선 노래)를 발표했다. 아동문학가 윤복진도 신민요 제창 형식으로 〈방아찟는 색시의 노래〉(김수경 작사, 홍난파 작곡, 이경숙 서금영 최명숙 노래, 콜롬비아 40159, 1931.2)와 동요 〈바다가에서·무명초〉(박태준 작곡, 서금영 영명숙 이경숙 노래, 콜롬비아 40142, 1931. 1), 〈참새〉(김수경 작사, 홍난파 작곡, 서금영 노래, 이글, 1932.1), 〈하모니가〉(윤복진 작사, 홍난파 작곡, 이경숙 노래, 이글 1932. 1) 등의 동요를 발표했다. 김수경金水卿은 아동문학가 윤복진의 또 다른 필명이다.

아동문학가 윤석중은 가요시 〈봄맞이〉(문호월 작곡, 이난영 노래, 오케 1618, 1934. 1)를 비롯해 동요 〈달마중·두루마기〉(홍난파 작곡, 서금영 노래, 이글, 1932. 7) 등을 발표했다. 동요 〈달마중·두루마기〉는 이글레코드사(1932. 7) 음반을 비롯해 닙본노홍(1932. 7), 리갈(C-140, 1934. 6) 음반으로 함께 발매될 정도로 인기 동요였다. 아동문학가 방정환은 〈나무닙배·참새〉(정순철 작곡, 이정숙 노래, 콜롬비아 40239, 1931. 8) 등의 동요를 발표했다.

아동문학가 이원수는 〈고향의 봄·장미꼿〉(이원수 홍난파 작사, 홍난파 작곡, 서금영 노래, 콜롬비아 40273, 1931. 12) 등의 동요를 발표했다. 아동문학가 윤극영은 〈반달〉(윤극영 작사, 윤극영 작곡, 이정숙 노래, 콜롬비아 40035, 1929. 7)과 〈북악산 톡기〉(윤극영 작사, 윤극영 작곡, 이정숙 노래, 콜롬비아 40001, 1929. 2) 등의 동요를 발표했다. 아동문학가 마해송은 동화 〈바우나라와 애기별〉(상·

하)(마해송 작, 김월신 작곡, 남궁선 구연, 시에론 185, 1934. 6)을 발표하기도 했다. 동요작품 〈반달〉에는 여러 버전이 있다. 1930년 1월에 나온 콜롬비아 40068 음반, 진정희가 부른 1940년 2월 발매의 빅터 KJ-3018 음반 등이 있다. 1926년 2월, 닛토레코드에서 발매된 윤심덕의 〈반달〉도 동일한 노래인지는 확인하지 못했다.

수필가이자 비평가였던 정인섭은 외국 번역곡인 〈슈-베르트세레나타〉(정인섭 역, 비제 작곡, 오산정길奧山貞吉 지휘, 현제명 노래, 콜롬비아 45002, 1933. 11)와 동요 〈봄노래〉(정인섭 작사, 정순철 작곡, 윤현향 노래, 빅터 49123, 1932. 3) 등을 발표했다.

그 밖에 문단의 정규 체제에서 널리 알려진 창작인으로 활동하진 않았지만 대중문화계에서 다수의 가요시 작품을 왕성하게 발표함으로써 시인적 위상과 그 역할에 충실했던 문학인을 소개해 그들의 활동과 대중문화사적 위치를 재평가하고자 한다. 그러한 대표적인 사례로는 먼저 이응호(1908~1940)와 김능인(1911~?) 등을 들 수 있다. 김능인의 본명은 승응순昇應順이며, 그의 필명 때문에 대다수의 자료에서 김능인의 출생지를 경북 김천으로 기록하고 있다. 하지만 최근의 조사에 따르면 이는 오류이며, 황해도 금천 출생으로 확인된다. 청년기부터 시 창작에 특별한 관심을 가졌으며, 국악인 성경린 등과 '희망사'라는 그룹을 만들어 동요 창작에 노력했다. 오케레코드사 초대 문예부장을 맡았고, 작곡가 손목인과 콤비가 되어 문학적 예술성이 뛰어난 가요시 작품을 다수 발표했다.

이응호는 왕평 혹은 편월, 남풍월, 이호, 이해암, 홍토무, 주대명, 이대객 등의 필명을 두루 사용하면서 다수의 작품을 발표했던

바, 그의 대표작으로는 〈황성荒城의 적跡〉(전수린 작곡, 이애리수 노
래, 빅터 49125, 1931. 4), 〈조선팔경가〉(형석기 작곡, 선우일선 노래,
폴리돌 19290, 1936. 2), 〈조선의 달〉(이면상 작곡, 선우일선 노래, 폴
리돌 19195, 1935. 5), 〈옥저玉笛야 울지마라〉(김면균 작곡, 왕수복 노
래, 폴리돌 19218, 1935. 9), 〈백두산 타령〉(임벽계 작곡, 오리엔탈합
창단 노래, 폴리돌 19299, 1936. 4), 〈인생의 봄〉(전기현 작곡, 왕수복
노래, 폴리돌 X516, 1939. 1) 등을 꼽을 수 있다.

김능인의 대표작으로는 〈귀향〉(문호월 작곡, 서상석 노래, 오케
1541, 1933. 6), 〈조선찬가〉(문호월 작곡, 서상석 노래, 오케 1552, 1933.
7), 〈한양비가漢陽悲歌〉(문호월 작곡, 서상석 노래, 오케 1570, 1933. 8),
〈고적孤寂〉(문호월 작곡, 이난영 노래, 오케 1587, 1933. 10), 〈불사조不
死鳥〉(문호월 작곡, 이난영 노래, 오케 1587, 1933. 10), 〈이원애곡梨園哀
曲〉(손목인 작곡, 고복수 노래, 오케 1677, 1934. 5), 〈오대강타령五大江
打令〉(문호월 작곡, 이난영 노래, 오케 1681, 1934. 6), 〈휘파람〉(손목인
작곡, 고복수 노래, 오케 1723, 1934. 11), 〈사막의 한恨〉(손목인 작곡,
고복수 노래, 오케 1762, 1935. 3), 〈관서천리關西千里〉(문호월 작곡, 이
은파 노래, 오케 1793, 1935. 7), 〈앞강물 흘러흘러〉(문호월 작곡, 이은
파 노래, 오케 1796, 1935. 8) 등이 있다. 하나같이 주옥같은 명편들
로 대중의 특별한 사랑을 받았다.

한명천 시인은 좀 특이한 사례다. 왜냐하면 식민지 제도권 문단
내부에서 활동하지 않았고, 당시 동아일보 북선北鮮지국 기자로
간도 일대에서 활동하면서 시를 창작하던 지역 시인이었기 때문이
다. 그는 가요곡 〈눈물 젖은 두만강〉(한명천 원작, 김용호 개사, 이시
우 작곡, 김정구 노래, 오케, 1937)이 만들어지는 데 있어 최초의 작

품 형태를 잡은 중요 인물이다. 2001년 북한에서 발간된 『계몽기 가요선곡집』(문학예술종합출판사)을 보면 〈눈물젖는 두만강〉의 창작 유래를 다음과 같이 소개하고 있다.

중국 동북 지방을 순회공연 중이던 극단 〈예원좌藝園座〉의 작곡가 이시우가 중국의 길림성 두만 강변에 위치한 도문圖們의 한 여관에 머물 때 만든 작품이다. 1935년 어느 날 여관 뒷마당에 서 있는 단풍나무 두 그루를 보며 고향 생각에 잠겨 있는데, 여관집 주인이 그 나무는 자신이 두만강을 건너올 때 고향에서 갖고 와 1919년에 심은 것이라고 말했다. 이 말을 듣고 이시우가 '추억追憶'이라는 주제로 악곡을 구상하며 잠을 못 이루던 그날 밤, 옆방에서 비통하고 처절한 여인의 울음소리가 들려왔다. 이튿날 사연을 알아보니 그 여인의 남편과 여관집 주인은 친구 사이인데 독립군 활동을 하던 남편이 일제 경찰에 체포되어 총살되었으며 그날이 바로 죽은 남편의 생일날이었다는 것이다.

이런 일이 있은 뒤 두만강 가에 나간 이시우의 눈에는 두만강의 물결이 나라 잃고 헤매는 우리 민족의 피눈물처럼 보였고 도문에서 만난 문학청년 한명천에게 사연을 들려주었다. 한명천은 깊은 감개가 끓어올라 곧바로 가사를 썼고 이시우가 그 작품에 곡을 붙인 것으로 알려져 있다. 이렇게 창작된 노래를 극단 '예원좌'의 장월성이라는 소녀 배우로 하여금 공연 막간에 부르도록 했는데 이것이 관중으로부터 예상 밖의 인기를 얻었다. 그 후 순회공연을 마치고 서울로 돌아온 이시우는 이 노래에 특별한 애착을 갖고 작사가 김용호에게 부탁해서 가사를 새로 다듬었으며, 마침내 선율을 완성하여 가수 김정구의 노래로 오케레코드사를 통해 취입하게 되었다.

한명천 창작의 원곡 가사에서 김용호의 개작 이후 현재까지 남아 있는 부분은 1절의 전문, 각 절의 후렴구 '그리운 내 님이여/ 그리운 내 님이여/ 언제나 오려나' 부분, 그리고 3절의 '님 가신 이 언덕에 단풍이 물들고/ 눈물진 두만강' 부분 등이다. 한명천은 북한 정권 수립 이후 북한 문단에서 활동했으며, 그의 서사시 「북간도北間島」는 북한에서 조기천의 「백두산白頭山」과 함께 문학사에서 2대 서사시로 높이 평가받고 있다.

우리 현대문학사 구성과 서술은 지나치게 대표 장르 위주로만 이뤄져왔다. 시 장르 구성 방식은 창가가사, 신체시, 자유시 등에만 한정돼 문학사가 다루고 있는 전체 시인과 작품의 범위는 극히 제한적이다. 또한 문학사 인식에서 이념적 판단 기준의 편협성으로 인해 좌파 계열의 가치관과 이념적 성향을 드러냈던 시인들의 작품과 활동에 대해서는 노골적인 냉대를 해온 것이 사실이다.

이렇듯 그동안 우리가 영위해온 대부분의 문학사 체계는 불구적이고 기형적인 방식으로 분단 체제의 폐쇄적 환경 속에 뿌리를 내려왔다. 항상 다루느니 그 시인이 그 시인이요, 그 작품이 그 작품이었다. 소수의 비평가와 연구자가 이에 대한 문제점을 깨닫고 문학사 바로 쓰기에 대한 토론과 연구를 더러 펼치기도 했지만 그리 눈에 띄는 성과를 거두진 못했다. 따라서 식민지 시대에 발간된 모든 간행물을 분석함으로써 그동안 제대로 평가받지 못한 시인과 문학 자료를 발굴하며, 매몰 상태로 방치된 작품을 찾아내야만 한다.

이런 관점에서 일제강점기 가요시 장르의 문학사적 가치는 큰 중요성을 지닌다. 가요시 장르는 일제강점기 문단에서 활동했던 문학인들에 의해 창작되고 발표된 독립적인 문학 장르다. 음반을 통해 발표했지만, 음반 제작사마다 자신들이 제작 발표한 음반을 소개 광고하는 '가사지歌詞紙'를 발간했으므로 일단은 활자화 과정을 필수로 거쳤다. 그럼에도 그 가사지는 제각기 분리된 상태로 흩어지고, 시집이나 잡지처럼 지속적인 보관이 어려웠을 것이다. 이 때문에 가사지 형태는 현재 희귀한 문화사적 자료로 여겨질 수밖에 없다.

일제강점기 문학인들은 제도권 문단에서만 활동했던 것이 아니라 가요시 분야에 특별한 관심과 애착을 갖고 대중문화 쪽으로 가까이 다가갔다. 그러므로 가요시 창작과 발표활동은 식민지 대중문화운동의 일환이자 일찍이 1920년대 임화林和가 역설했던 문학 대중회운동의 구체적 실천으로도 평가할 수 있다. 가요시 창작과 발표활동에 참여했던 문학인들은 시인, 소설가, 극작가, 수필가, 아동문학가, 비평가 등 여러 장르에서 활동하던 전문 문학인들로 다양한 분포를 보였다. 그들은 식민지 대중문화계에서 당시 문단의 공간적 폐쇄성, 활동의 제약성 따위를 벗어나고 극복하기 위해 노력했고, 상당한 성과를 거두었다. 가요시 창작과 발표활동은 문학을 통한 독자와의 소통보다도 한층 더 직접적이고 강렬한 기능을 수행할 수 있게 했다.

후대의 우리가 일제강점기 시인들의 대표 시작품을 기억하고 사랑하는 것과 마찬가지로 당시 시인들에 의해 창작 발표된 가요시 작품을 우리가 생활 속에서 노래로 부르고, 여전한 즐김의 양식으로 활용하며 살아가는 것이다. 아직도 많은 음반 자료가 미발굴 매몰 상태로 팽개쳐져 있다. 좀더 체계적이고 집중된 노력으로 일제강점기 음반에 수록된 가요시 자료를 수집 정리하고 분석하는 지속적인 연구가 필요한 이유다.

1장 꽃이 사람을 보고 웃어 온 마음으로 가까이하다

　　이종묵, 『한시 마중』, 태학사, 2012

　　＿＿＿, 「조선 선비의 꽃구경과 운치 있는 시회」, 『한국한시연구』 20집,

　　　　2012

2장 극단적인 노고 속에서 한 판 벌이는 유희

　　공제욱, 「일제의 민속통제와 집단놀이의 쇠퇴: 줄다리기를 중심으로」,

　　　　『사회와 역사』 95, 2012

　　과학원 고고학 및 민속학 연구소 민속학연구실 엮음, 『조선의 민속놀

　　　　이』, 푸른숲, 1988[원본 초간 1964]

　　김광언, 『한국의 민속놀이』, 인하대학교출판부, 1982

　　＿＿＿, 『민속놀이』(개정판), 대원사, 2001

　　김경학, 「민속놀이의 문화재 지정과 축제화에 따른 갈등양상 및 탈맥

　　　　락화: 칠석동의 고싸움놀이를 중심으로」, 『민속학연구』 14, 2004

　　김난주·송재용, 「일제강점기 향토오락 진흥정책과 민속놀이의 전개

　　　　양상」, 『비교민속학』 44, 2011

　　김선풍 외, 『한·일 비교민속놀이론』, 민속원, 1997

　　김택규, 『한국농경세시의 연구: 농경의례의 문화인류학적 고찰』, 영남

　　　　대학교출판부, 1985

　　민속학회 엮음, 『민속놀이와 민중의식』, 집문당, 1996

　　박성석, 「경남지역의 "줄다리기 놀이"에 대하여」, 『경남문화연구』 18,

　　　　1996

　　서대석, 「굿놀이의 기원과 전승 현황」, 『한국사시민강좌』 45, 2009

　　서해숙, 「민속놀이의 현대적 접근 시론」, 『호남문화연구』 31, 2002

　　성병희, 「민속놀이의 연구」, 『한국민속연구사』, 최인학·최래옥·임재

해 엮음, 지식산업사, 1994

안승택, 『식민지 조선의 근대농법과 재래농법: 환경과 기술의 역사인류학』, 신구문화사, 2009

_____, 「해방전후 한국농촌의 공동노동과 호락질: 공동노동에서 이탈하는 단독노동 배후의 공동체 이데올로기와 경제논리」, 『비교문화연구』 15-2, 2009

유선영, 「편쌈 소멸의 문화사: 식민지의 근대주의와 놀이 대중의 저항」, 『사회와 역사』 86, 2010

이창식, 「한국의 연희유희 총일람」, 『비교민속학』 9, 1992

이해준, 「조선시대 촌락공동체의 제의, 놀이」, 『한국사시민강좌』 45, 2009

정승모, 『시장의 사회사: 시장으로 보는 우리 문화 이야기』, 웅진출판, 1992

_____, 『한국의 농업세시』, 일조각, 2012

_____, 황헌만 사진, 『한국의 세시풍속』, 학고재, 2001

터너, 빅터, 『의례의 과정』, 박근원 옮김, 한국심리치료연구소, 2005[원본 초간 1969]

하위징아, 요한, 『호모 루덴스: 놀이하는 인간』, 이종인 옮김, 연암서가, 2010[원본 초간 1938]

3장 "한글소설이 세상을 현혹한다"

이상택 외, 『한국고전소설의 세계』, 돌베개, 2005

한길연, 『유씨삼대록』(1-4), 김지연 역주, 소명출판, 2010

4장 애를 버쩍운 희롱, 굴욕으로 얼룩진 놀이

『金吾憲錄』, 국사편찬위원회 간, 『각사등록』 72, 1994

『청대일기』

『宣傳官廳釐正節目』(규10193)

노혜경, 「18세기 한 嶺南 南人의 관직생활」, 『사학연구』 88, 한국사학회, 2007

박홍갑, 「조선시대 免新禮 풍속과 그 성격」, 『역사민속학』 11, 한국역사민속학회, 2000

_____, 「누구도 피해갈수 없었던 신고식, 면신례」, 『선비문화』 9, 남
명학회, 2006

윤진영, 「義禁府의 免新禮와 金吾契會圖」, 『문헌과해석』 13, 문헌과
해석사, 2000

_____, 「松澗 李庭檜(1542~1612) 所有의 同官契會圖」, 『미술사학연
구』 230, 한국미술사학회, 2001

_____, 「조선시대 관료사회의 新參禮와 契會圖」, 『역사민속학』 18,
한국역사민속학회, 2004

_____, 「조선후기 免新禮의 관행과 宣傳官契會圖」, 『서울학연구』 53,
서울시립대 서울학연구소, 2014

정재민, 「면신례 풍속과 신래희학담의 관련양상」, 『민속학연구』, 국립
민속박물관, 2006

5장　질펀한 놀이판, 성속의 존재가 풀어내는 총체적 인간사

· '놀이'에 대한 개념은 배상욱, 「H.G. 가다머의 '놀이' 개념」, 『철학논
총』 제74집, 새한철학회, 2013을 참고했다.
· 동해안별신굿의 거리굿에 관한 부분은 최정여·서대석, 『동해안무
가』, 형설출판사, 1973을 참고·인용했다.
· 순천의 삼설양굿에 관해서는 이경엽, 「호남지역 무당굿놀이의 연행
양상과 의미」, 『한국무속학』 21집, 한국무속학회, 2010과 최덕원,
「순천지역의 민속조사연구」, 『남도문화연구』 1집, 순천대 남도문화
연구소, 1985를 참고·인용했다.
서대석, 『무가문학의 세계』, 집문당, 2011

_____, 『한국구비문학에 수용된 재담연구』, 서울대학교출판부,
2004

서연호, 『서낭굿 탈놀이』, 열화당, 1991

황루시 글·김수남 사진, 『팔도굿』, 대원사, 2011

6장　포구락, 천 년을 이어온 스포츠 뮤지컬

『고려사』 『조선왕조실록』 『악학궤범』

심승구, 「조선시대 포구악의 놀이적 특성에 관한 연구」, 『한국체육사
학회지』 9, 2002

_____, 「한국 축국의 역사와 특성」, 『전통과 현대』, 2003

_____, 「효로써 천하를 다스리려 한 효명孝明의 꿈」, 『한국음악사학보』 39호, 2007

_____, 「궁중무용에서 본 남북한 무용의 분화와 특성」, 『한국무용연구』 28권 2호, 2010

7장 제철에 맞춰 놀이하는 뜻

국립민속박물관 엮음, 『조선시대세시기』, 국립민속박물관, 2003~2007

오영섭, 「조선광문회 연구」, 『한국사학사학보』 3집, 2001

장지연, 『만국사물기원역사』, 황재문 옮김, 한겨레출판, 2014

최혜주, 「일제강점기 고전의 형성에 대한 일고찰」, 『한국문화』, 64호, 2013

홍석모, 『동국세시기: 한 권으로 집대성한 우리나라 세시풍속』, 정승모 옮김, 풀빛, 2009

8장 일본의 놀이, 그 화려한 도안들이 펼쳐내는 세계

고바야시 다다시, 『우키요에의 미』, 이세경 옮김, 이다미디어, 2004

김시덕, 『그림이 된 임진왜란』, 학고재, 2014

마부치 아키코, 『자포니슴(환상의 일본)』, 최유경 옮김, 제이앤씨, 2004

서종원, 『한국의 근대 놀이문화』, 채륜, 2015

9장 빼앗긴 들에도 웃음꽃은 피었다

『매일신보』 1935. 1. 3.

『삼천리』 6월호, 1935

김교봉·설성경, 『근대전환기소설연구』(재판), 국학자료원, 1995

남궁설, 『쌀쌀우슴』, 조선도서주식회사, 1926

박영정, 「신불출─세상을 어루만지는 '말의 예술'」, 한국연극협회 엮음, 『한국현대연극 100년─인물연극사』, 연극과인간, 2009

반재식 엮음, 『만담 백년사』, 백중당, 2000

_____, 『재담 천년사』, 백중당, 2000

베르그송, 앙리, 『웃음』, 정연복 옮김, 세계사, 1992

서대석, 『한·중 소화 비교연구』, 서울대학교출판부, 2007

선우일, 『앙천대소』, 박문서관, 1917

손태도, 「경기 명창 박춘재론」, 『한국음반학』 7호, 한국고음반연구회, 1997

송완식, 『익살주머니』, 영창서관, 1925

안춘근, 「일제하의 언론·출판」, 『한국출판문화론』, 범우사, 1981

이승희, 「배우 신불출, 웃음의 정치」, 『한국극예술연구』 33집, 한국극예술연구회, 2011

이홍우, 「일제강점기 재담집 연구」, 서울대학교 대학원 국어국문학과 석사학위 논문, 2006

최덕교, 『한국잡지백년』 3, 현암사, 2004

최인화, 『걸작소화집』, 신문당, 1939(추정)

한국고음반연구회 명인명창선집(9), 「경기명창 박춘재」, 지구레코드, 1996

10장 노는 데 진정 도가 튼 아이들

편해문, 『어린이 민속과 놀이문화』, 민속원, 2005

_____, 『아이들은 놀기 위해 세상에 온다』, 소나무, 2007

_____, 『아이들은 놀이가 밥이다』, 소나무, 2012

11장 레코드 음반은 문학을 어떻게 바꿨나

『계몽기가요선곡집』, 문학예술종합출판사(평양), 2001

강사랑, 『대서정 한국레코오드가요사』, 한국음반제작가협회, 1968

김영준, 『한국가요사 이야기』, 아름출판사, 1994

김점도 엮음, 『유성기음반총람자료집』, 신나라레코드, 2000

김창남, 『삶의 문화, 희망의 노래』, 한울, 1991

김효정, 「일제강점기 조명암의 대중가요 연구」, 영남대 대학원 석사학위 논문, 2000

남인수팬클럽 엮음, 『남인수전집-가사·목록집』, 남인수팬클럽, 2001

박성서, 『아세아베스트 220선』, 「가사해설집」, 아세아레코드(주), 2004

박윤우, 『해방후 대중가요의 사회사, 노래』 제1권, 1984

박찬호, 『한국가요사』, 현암사, 1992

_____, 『한국가요사』 1·2, 미지북스, 2009

반야월, 『가요야화』, 세광음악출판사, 1987

_____, 『나의 삶, 나의 노래』, 도서출판 선, 2001

_____, 『불효자는 웁니다-가요인생 반야월(진방남) 회고록』, 회원, 2005

백년설추모사업추진위원회 엮음, 『백년설전집』, 백년설추모사업추진위원회, 2004

유선영, 「한국 대중문화의 근대적 구성과정에 대한 연구」, 고려대학교 대학원 신문방송학과 박사학위 논문, 1992

이노형, 『한국 전통대중가요의 연구』, 울산대학교출판부, 1994

이동순, 『조명암전집』, 도서출판 선, 2003

_____, 『번지 없는 주막-한국가요사의 잃어버린 번지를 찾아서』, 도서출판 선, 2007

이상희, 『오늘도 걷는다마는-백년설 그의 삶, 그의 노래』, 도서출판 선, 2003

이영미, 『한국대중가요사』, 시공사, 1998

_____, 『흥남부두의 금순이는 어디로 갔을까』, 황금가지, 2002

장유정, 「일제강점기 한국 대중가요 연구」, 서울대학교 대학원 국어국문과 박사학위 논문, 2003

_____, 『오빠는 풍각쟁이야-대중가요로 본 근대의 풍경』, 민음사, 2006

_____, 「이하윤 대중가요 가사의 양상과 특성 고찰」, 한국민요학회, 2010

_____, 「안서 김억의 대중가요 가사에 나타나는 민요적 특성 고찰」, 『겨레어문학』 제35집, 2005

최창익, 『한국대중가요사』, 한국대중예술문화연구원, 2003

최창호, 『민족수난기의 가요들을 더듬어』(증보판), 평양출판사, 2003

한국문화방송 엮음, 『가요반세기-흘러간 옛노래』, 성문사, 1967

황문평, 『노래백년사』, 숭일문화사, 1981

_____, 『가요육십년사』, 전곡사, 1983

_____, 『한국대중연예사』, 부루칸모로, 1989

_____, 『이야기 가요사-돈도 명예도 사랑도』, 무수막, 1994

_____, 『삶의 발자국-인물로 본 연예사』 1·2, 도서출판 선, 2000

지은이

김시덕 _____ 서울대 규장각한국학연구원 교수. 저서 『교감 해설 징비록』
『그들이 본 임진왜란』『동아시아, 해양과 대륙이 맞서다』『이국
정벌 전기의 세계』(일본어판) 외 다수.

박종성 _____ 한국방송통신대 국문과 교수. 저서 『구비문학, 분석과 해석
의 실제』『한국 창세서사시 연구』, 공저 『한국의 고전을 읽는
다 1』, 논문 「男性神과 父權神, 그리고 父性神에 관한 에세이」
외 다수.

박현순 _____ 서울대 규장각한국학연구원 교수. 저서 『조선후기의 과거』,
공저 『고문서에게 물은 조선시대 사람들의 삶』『조선 서원을
움직인 사람들』, 논문 「16~17세기 예안현 사족사회 연구」 외
다수.

심승구 _____ 한국체육대 교양교직과정부 한국사 교수. 공저 『즉위식, 국
왕의 탄생』『왕실의 천지제사』『사냥으로 본 삶과 문화』, 역서
『조선무상영웅전』, 논문 「인간과 자연, 그리고 기술의 상호
창조를 위한 시론」 외 다수.

안승택 _____ 서울대 규장각한국학연구원 HK연구교수. 저서 『식민지 조선
의 근대농법과 재래농법』, 공저 『압축근대와 농촌사회』, 역서
『베풂의 즐거움』, 논문 「한 현대농촌일기에 나타난 촌락사회
의 계契 형성과 공동체 원리」 외 다수.

이동순 _____ 영남대 국문과 교수. 저서 평론집 『민족시의 정신사』『시정신

을 찾아서』, 시집 『개밥풀』 『물의 노래』 『지금 그리운 사람은』,
민족서사시 『홍범도』(전10권), 시전집 『백석시전집』, 에세이 『번
지없는 주막-한국가요사의 잃어버린 번지를 찾아서』 외 다수.

이종묵 _____ 서울대 국문과 교수. 저서 『조선의 문화공간』 『한시 마중』 『우
리 한시를 읽다』 『글로 세상을 호령하다』 『한시 마중』 『부부』,
역서 『사의당지-우리 집을 말한다』 『양화소록-선비 꽃과 나
무를 벗하다』 외 다수.

이홍우 _____ 인하대 한국어문학과 강사. 공저 『설화 속 동물 인간을 말하
다』 『옛이야기 속에서 생각찾기』, 논문 「일제강점기 재담집 연
구」 외 다수.

정병설 _____ 서울대 국문과 교수. 저서 『죽음을 넘어서-순교자 이순이의
옥중편지』 『권력과 인간-사도세자의 죽음과 조선 왕실』 『조
선의 음담패설』 『구운몽도』 『나는 기생이다』, 역서 『구운몽』
『한중록』 외 다수.

편해문 _____ 놀이터 디자이너·놀이운동가. 저서 『어린이 민속과 놀이문
화』 『아이들은 놀기 위해 세상에 온다』 『아이들은 놀이가 밥이
다』 『놀이터, 위험해야 안전하다』 외 다수.

황재문 _____ 서울대 규장각한국학연구원 교수. 저서 『안중근평전』, 공저
『한국 근대 초기의 어문학자』, 역서 『만국사물기원역사』, 논
문 「'환구음초'의 성격과 표현방식」 외 다수.

놀이로 본 조선

ⓒ 규장각한국학연구원 2015

초판인쇄	2015년 7월 3일
초판발행	2015년 7월 10일

엮은이	규장각한국학연구원
펴낸이	강성민
기획	박현순 최종성 정일균 권기석
편집	이은혜 박민수 이두루 곽우정
편집보조	이정미 차소영 백설희
본문디자인	백주영
마케팅	정민호 이연실 정현민 지문희 김주원
홍보	김희숙 김상만 한수진 이천희
독자 모니터링	황치영

펴낸곳	(주)글항아리	출판등록 2009년 1월 19일 제406-2009-000002호

주소	413-120 경기도 파주시 회동길 210
전자우편	bookpot@hanmail.net
전화번호	031-955-8891(마케팅) 031-955-8897(편집부)
팩스	031-955-2557

ISBN	978-89-6735-224-0 03900

글항아리는 (주)문학동네의 계열사입니다.

이 도서의 국립중앙도서관 출판시도서목록(CIP)은 e-CIP 홈페이지(http://www.nl.go.kr/ecip)에서
이용하실 수 있습니다.(CIP제어번호: 2015016051)

＊이 저서는 2008년 정부(교육과학기술부)의 재원으로 한국연구재단의 지원을 받아 수행된 연구임.